LA FERME

~~NS~~ D'AGRICULTURE

~~ICULTURE PRATIQUES~~

ON TROUVE A LA MÊME LIBRAIRIE

Dictionnaire français (Nouveau), renfermant : 1° *Partie Orthographique*, tous les mots les plus usités de la langue française avec leur signification d'après l'Académie ; 2° *Partie Géographique*, les noms les plus importants des divers pays du globe et principalement ceux de tous les chefs-lieux de département, d'arrondissement et de canton de France, avec la population de chacun d'eux ; 3° *Partie Historique*, les noms des hommes les plus marquants de l'antiquité et des temps modernes, qui se sont illustrés dans tous les pays, et principalement en France, dans les carrières Civile et Militaire, dans les Sciences, la Littérature, les Arts et l'Industrie ; par J. George, licencié ès lettres. Nouvelle édition, revue, modifiée et augmentée, suivie du Dictionnaire des Verbes irréguliers. 1 vol. in-18 de 820 pages.   cart. 2 fr. 30 c.

Le cartonnage en percaline gaufrée se paye 75 c. en sus

Cet ouvrage, bien que spécialement rédigé pour les É... Primaires et les Pensions de l'un et l'autre sexe, po... consulté aussi avec intérêt par les gens du mond... çants, artisans et industriels, qui y trouveront et utiles renseignements.

Secrétaire (le Petit) des Écoles, ou Modèl... tous les sujets et pour toutes les circonstanc... cédés de quelques observations sur le cé... suivis du Pétitionnaire et d'un Form... privé ; par MM. Bécherelle aîné, de la... et Prod'homme, secrétaire de l'Ath... édition. 1 vol. in-18 jésus,

Cours complet de Dessin Linéaire, nicipal Chaptal à Paris ; par M. d'He... sous-inspecteur à la Préfecture de la Se... Atlas de 48 planches demi-jésus, gravé... volume de texte explicatif in-18°, renf... Figures gravées sur cuivre,

Cours Élémentaire de Dessin Linéai... d'Architecture, adapté à tous les m... par J.-B. Henry (des Voges), perspective... Nouvelle édition, composée de 80 planche... donnant 580 dessins gradués. Texte en regard. ...-18,   cart. 2 fr. 60 c.

Tenue des Livres (Cours Élémentaire de la) en Partie Double, destiné aux Classes Primaires ; par M. Delpierre ; 2e édition, revue et augmentée d'un Vocabulaire des Termes les plus usités dans le Commerce et dans la Banque. 1 vol. in-18.   broc. 70 c.

Le Cartonnage se paye en sus 10 cent.

Traité complet et raisonné des Poids et Mesures du Système métrique, par M. J. George fils. 1 vol. in-18,   broc. 75 c.

Paris. — Typ. Morris Père et Fils, rue Amelot, 64.

LA FERME

ou

NOTIONS D'AGRICULTURE

ET D'HORTICULTURE PRATIQUES

LIVRE DE LECTURE

A L'USAGE

DES ÉCOLES PRIMAIRES RURALES

Honoré d'une première mention à la suite d'un Concours ouvert par la
Société pour l'Instruction élémentaire de Paris,
Et publié sous les auspices de l'Académie de Mâcon, Société des
Sciences, Arts, Belles-Lettres et d'Agriculture

PAR

J. DUNAND

OUVRAGE AUTORISÉ POUR LES ÉCOLES PUBLIQUES
PAR DÉCISION DE S. EX. M. LE MINISTRE DE L'INSTRUCTION PUBLIQUE
ET DES CULTES, EN DATE DU 27 JUILLET 1861.

—◎—

« *O fortunatos nimium, sua si bona nôrint,*
» *Agricolas !...* »
  Virgile (Géorgiques).

« Heureux l'homme des champs s'il connaît son bonheur! »

SEPTIÈME ÉDITION
REVUE AVEC SOIN

PARIS
Librairie Classique et Élémentaire
CH. FOURAUT ET FILS
47, RUE SAINT-ANDRÉ-DES-ARTS, 47

1875

ON TROUVE AUSSI A LA MÊME LIBRAIRIE

OUVRAGES DE M. L.-J. GEORGE
Ancien Secrétaire de l'Académie de Besançon.

Notions élémentaires de Physique, 8ᵉ édition, rédigée sur le Programme du 31 juillet 1851, *adopté par l'Université* pour l'Enseignement dans les Écoles Normales Primaires et les Écoles Professionnelles. 1 vol. in-12, avec planches gravées sur acier, broch. 2 fr.

Notions élémentaires de Mécanique usuelle, appliquée aux arts et à l'industrie. Ouvrage mis à la portée des élèves des Écoles modèles des deux sexes, des Écoles Normales et des Écoles Professionnelles, 3ᵉ édition, revue avec le plus grand soin, modifiée et augmentée de plusieurs leçons sur la vapeur et ses principales applications aux arts et à l'industrie. 1 vol. in-12, avec 4 planches gravées sur acier, broc. 1 fr. 75 c.

PETIT COURS D'HISTOIRE
À L'USAGE DE TOUTES LES PENSIONS ET MAISONS RELIGIEUSES
AVEC QUESTIONNAIRES ET CARTES GÉOGRAPHIQUES
APPROUVÉ PAR MONSEIGNEUR L'ÉVÊQUE DE VERSAILLES
Par M. Ambroise RENDU fils

Ce cours est divisé en six parties, comme suit :

HISTOIRE ANCIENNE, 1 vol. in-18, nouvelle édition.

HISTOIRE ROMAINE, 1 vol. in-18, nouvelle édition.

HISTOIRE DU MOYEN AGE, 1 vol. in-18, nouvelle édition.

HISTOIRE DES TEMPS MODERNES, 1 vol. in-18, nouvelle édition.

HISTOIRE DE L'ÉGLISE, revue, pour la Doctrine, par M. l'abbé Blanc, 1 vol. in-18, nouvelle édition.

MYTHOLOGIE, 1 vol. in-18.

Prix de chaque volume, cart. 1 fr.

Règles et Modèles de Style et de Littérature, par le même, 1 vol. grand in-18, cart. 2 fr.

Exercices d'Écriture, de Calcul et de Tenue de livres, appliqués à *l'Agriculture*, au *Commerce* et à *l'Industrie*; par J. DUNAND, auteur de *la Ferme*.
Un cahier de 24 pages in-4°, avec une couverture imprimée piqué, 60 c.

Tous les exemplaires qui ne seront pas revêtus de la griffe de l'éditeur seront réputés contrefaits.

PRÉFACE

Au commencement de l'année 1853, alors que nous dirigions l'École Normale Primaire de Mâcon, plusieurs membres d'une Commission siégeant près le Ministère de l'Instruction publique nous demandèrent de leur désigner quelques instituteurs capables de donner à leurs élèves un *enseignement agricole pratique* : l'Empereur Napoléon III, dans sa sollicitude pour les progrès de l'agriculture, avait déjà disposé, étant Président de la République, d'une somme considérable prise sur sa cassette pour subvenir aux frais de cet enseignement.

Nos démarches auprès d'un assez grand nombre de maîtres, choisis parmi les plus intelligents, n'eurent point des résultats aussi satisfaisants qu'on l'eût espéré ; des obstacles entravaient leur bonne volonté, et, chose difficile à croire, ces obstacles provenaient de la part même des cultivateurs, dans l'intérêt desquels on voulait travailler.

A la même époque, nous fûmes provoqué nous-même à essayer de donner cette instruction agricole à nos élèves-maîtres, et, d'accord avec l'autorité locale, nous nous mîmes à l'œuvre.

Un terrain d'une superficie de 80 ares environ, planté en vigne, fut acheté alors par nous, défriché et immédiatement mis en culture. Deux heures à peine de travail par semaine, de la part de chacun de nos élèves, suffirent pour exécuter les travaux nécessaires, sans que les autres études en souffrissent en rien.

Une subvention impériale nous permit, dès le début, d'organiser sur un bon pied notre petite exploitation. Déjà nos récoltes de 1853 répondirent à nos soins et nous encouragèrent pour l'avenir. L'année suivante nous fit réaliser des produits qui dépassèrent nos espérances : notre rapport à l'autorité supérieure, appuyé d'une comptabilité simple, mais concluante, prouva jusqu'à l'évidence l'heureux succès de notre entreprise.

Au mois d'avril 1855, nous fûmes appelé à un autre

poste ; des raisons particulières ne nous permirent point de l'accepter, et nous donnâmes notre démission des fonctions publiques, résolu de tenter le problème d'un enseignement agricole, non plus à des adultes, mais à des enfants.

L'ouverture d'une école libre où furent admis pour la plupart des fils de cultivateurs, nous donna toute facilité à cet égard. Depuis, cette époque, tous nos élèves, même les plus jeunes, nous secondent, selon leur âge et leurs forces, dans la culture des terres qui environnent notre établissement. Ils trouvent dans ces travaux, avec l'instruction, le plaisir et la santé; plusieurs même, qui sans cela auraient adopté d'autres carrières, prennent goût à celle du cultivateur et tournent leurs yeux vers les fermes-écoles, vers les écoles régionales, où ils pourront se perfectionner dans l'art dont nous leur enseignons les éléments.

Sous les mains, faibles sans doute, mais laborieuses et intelligentes de ces enfants, le terrain amélioré donne les plus beaux résultats : au mois de mai 1858, nos jeunes agriculteurs ont voulu exposer leurs produits au concours régional de Mâcon, et une *mention honorable* est venue récompenser leurs efforts.

Des médailles d'*argent* et de *bronze* ont été également décernées à nos produits, en 1859.

La pratique, d'ailleurs, n'est point le seul objet de nos leçons ; la théorie y tient aussi sa place. Après les opérations sur le terrain, lorsque les élèves sont rentrés dans leurs études, nous leur expliquons les secrets de l'agriculture, la raison de ses travaux. Ces cours donnent lieu à des rédactions qui, en même temps, leur servent d'exercices grammaticaux.

Ce sont ces rédactions, mises en ordre et augmentées par nous, que nous avons présentées au Concours ouvert en 1857 par la Société pour l'Instruction élémentaire de Paris (1).

Nous avons été assez heureux pour voir décerner à notre travail la 1re *mention honorable.*

---

(1) Le programme de ce concours était formulé ainsi qu'il suit : « Un » prix est proposé à l'auteur d'un livre destiné aux écoles élémentaires » des communes rurales, dans lequel seront exposés et mis à la portée » de tous les âges : 1° les principes d'agriculture et d'horticulture d'après » les meilleures méthodes et les progrès reconnus par la pratique, les » principes de l'hygiène appliqués à la vie rurale; 2° les conseils et ob- » servations pratiques propres à faire apprécier tous les avantages de la » vie rurale sur les avantages que procurent les ateliers dans les villes, » sous le rapport de la moralité, de la santé, de la longévité, de la possi- » bilité d'assurer toujours sa subsistance et celle de sa famille, le travail » des enfants et leur établissement, et de trouver enfin des conditions » plus certaines de bonheur et de bien-être général et constant. »

Depuis le moment où notre œuvre avait été adressée à la Société pour l'Instruction élémentaire, nous avions revu avec soin la copie qui était restée entre nos mains; nous y avons même ajouté cinq nouvelles *lectures*, comprenant quelques mots sur l'histoire de l'Agriculture, les biographies des agronomes les plus distingués de la France, et enfin des extraits de la science du *bonhomme Richard*, de Franklin.

Nous ne nous en sommes pas tenu là : honoré de la bienveillance, nous oserons même dire de l'amitié d'hommes qui ont consacré et consacrent leur vie à l'étude de la science agricole, nous leur avons communiqué nos *cahiers* et nous avons profité autant qu'il a été en nous des excellents conseils de leur expérience.

Que tous, mais principalement MM. *de Parseval-Grand-maison* (1), *Jard* (2), *Duperron* (3), reçoivent ici l'expression de notre gratitude! Que l'Académie de Mâcon, au sein de laquelle, depuis de longues années, nous avons puisé la plupart des connaissances que nous avons réunies dans notre livre, et qui a voulu le placer sous son patronage, veuille bien aussi accepter le témoignage public de notre reconnaissance!

Puissent toutes ces marques de sympathie, ces encouragements multipliés et notre exemple même décider les instituteurs primaires à initier leurs élèves à la pratique et à la théorie de l'agriculture !

Si *la Ferme* peut leur servir dans leurs leçons; si, de cette matière, nous pouvons encore nous rendre utile à la jeunesse des communes rurales et à l'agriculture, nos vœux les plus chers seront satisfaits !

---

(1) Président de l'Académie de Mâcon.
(2) Président de la Société d'Horticulture de la même ville.
(3) Sous-Directeur de la Ferme-École de Pont-de-Veyle (Ain).

ACADÉMIE DE MACON

SOCIÉTÉ DES SCIENCES, BELLES-LETTRES ET D'AGRICULTURE *

Extrait du Procès-Verbal de la Séance du 26 Août 1858

PRÉSIDENCE DE M. J. DE PARSEVAL-GRANDMAISON

M. J. de Parseval-Grandmaison rend compte d'un ouvrage manuscrit dont M. DUNAND, l'un des membres de l'Académie, est l'auteur.

« Cet ouvrage, dit M. le Président, composé en vue d'un
» concours ouvert par la Société pour l'instruction élé-
» mentaire de Paris, et qui a obtenu à ce concours la flat-
» teuse distinction d'une *première mention honorable*,
» offre, sous forme de *Lectures* séparées, une suite progres-
» sivement raisonnée de notions sur *l'agriculture* et *l'hor-*
» *ticulture* et de considérations sur les avantages de la vie
» rurale. Écrit simplement et avec clarté, ce livre, tout
» en faisant ressortir avec chaleur les bienfaits du métier
» des champs, renferme, en outre, sur l'art agricole et sur
» l'horticulture, un ensemble de préceptes élémentaires et
» concis, où la pratique et la théorie s'allient dans d'heu-
» reuses proportions.

» Placé entre les mains des enfants des écoles rurales,
» auxquels il est spécialement destiné, il répandra des
» idées justes et vraies sur l'agriculture envisagée au
» double point de vue de la morale et du progrès agricole.
» Un tel livre mérite les encouragements de l'Académie. »

M. le Président termine en proposant à l'assemblée d'autoriser M. DUNAND à publier son livre sous les auspices de l'Académie.

Plusieurs membres, qui ont lu le manuscrit de M. DUNAND, s'associent à la motion de M. J. de Parseval-Grandmaison. Mise aux voix aussitôt, cette motion est adoptée à *l'unanimité*.

Le Secrétaire perpétuel, CH. PELLORCE.

(*) Dans sa séance d'avril 1860, la même Compagnie a décidé la distribution de la *Ferme* aux lauréats de ses concours agricoles.

LA FERME.

NOTIONS D'AGRICULTURE
ET
D'HORTICULTURE PRATIQUES.

PREMIÈRE PARTIE.
CONSIDÉRATIONS MORALES.

PREMIÈRE LECTURE.
Aux Enfants des Écoles primaires.

« Trop heureux les cultivateurs, disait, il y a dix-huit siècles, un grand écrivain, trop heureux les habitants des campagnes s'ils savaient apprécier le bonheur que donne la vie des champs ! » Oui, trop heureux si, comprenant l'immensité des bienfaits que Dieu leur accorde en récompense de leurs labeurs, ils se contentaient du sort qu'il leur a fait !

Bien souvent, par malheur, il n'en est pas ainsi.

Le villageois, ne considérant de son existence que le mauvais côté, ne voyant de son état que les travaux pénibles, les déceptions et les misères, s'imagine qu'il est plus malheureux et plus à plaindre que le reste de ses semblables. Par une erreur étrange, mais commune à tous les hommes, il croit voir le bonheur partout ailleurs que chez lui, et comme il est trop tard pour changer lui-même de profession, il se promet du moins que ses enfants ne suivront pas la sienne, qu'ils ne seront pas *paysans* comme lui.

Au lieu d'imprimer à leur âme le goût de l'agriculture et des paisibles travaux des champs, il les en détourne de tout son pouvoir ; il les place à la ville pour qu'ils apprennent un état, un métier, les voulant voir ouvriers, commerçants ; ou bien, plus vaniteux encore et plus insensé, il les envoie au collége acquérir des connaissances plus élevées pour qu'ils soient militaires, avocats, médecins ; et il croit ainsi assurer leur bonheur, tandis qu'à peine son orgueil est satisfait !

Les enfants du cultivateur eux-mêmes, bientôt imbus d'idées nouvelles qu'ils puisent au milieu de camarades d'un rang soi-disant supérieur, finissent par mépriser la profession de leur père, heureux quand ils n'étendent pas leur dédain jusqu'à lui !

Ils jouissent pendant quelques années, en supposant que la fortune leur soit favorable, c'est-à-dire qu'ils soient prudents, honnêtes et sages, d'une vie moins rude que celle qu'on mène aux champs ; mais les maux de toute sorte qui suivent ces professions dites libérales qu'ils ont embrassées leur font payer bien cher ce mince avantage ; et il arrive toujours un moment où, désabusés sur les plaisirs et les honneurs des villes, ils regrettent amèrement d'avoir abandonné l'humble existence du cultivateur.

Vous donc, mes amis, qui êtes fils de cultivateurs, ne désirez point quitter l'état de votre père. Non-seulement, comme je viens de le dire et comme je le prouverai plus amplement tout à l'heure, il vaut mieux que tout autre pour rendre l'homme heureux, mais il vous est encore le plus facile à apprendre.

Enfants, vous suivez votre père dans ses travaux, et vous apprenez, sans vous en douter pour ainsi dire, par la seule contemplation de ses actes, les éléments de l'agriculture; jeunes hommes, vous la saurez bientôt à fond en écoutant ses avis, en mettant à profit les conseils de son expérience : et cette étude vous sera d'autant moins pénible, mes chers amis, que vous la ferez au sein de votre famille, avec votre père pour maître.

QUESTIONS: Citez les paroles qu'un ancien écrivain adressait aux cultivateurs? — Pourquoi beaucoup de cultivateurs ne se trouvent-ils pas heureux dans leur profession et en désirent-ils une autre pour leurs enfants? — Leurs enfants sont-ils plus sages? — Quel sort les attend le plus souvent dans les autres carrières qu'ils parcourent? — Pourquoi les fils des cultivateurs agissent-ils mieux dans leurs intérêts en adoptant la profession de leurs pères?

DEUXIÈME LECTURE.

La Campagne et la Ville.

Pour vous convaincre, mes amis, de ce que j'ai avancé dans la lecture précédente, que l'agriculture vaut mieux que tout autre état, il me suffira de tracer à vos yeux l'existence de l'ouvrier de la campagne et du fermier, puis celle de l'ouvrier de la ville et du commerçant. La comparaison faite, vous vous rangerez, j'en suis sûr, à mon avis.

L'ouvrier de la campagne, habitant toujours dans le même village, au milieu de ses souvenirs et de ses affections, ne voit autour de lui, s'il se conduit bien et s'il est laborieux, que des visages amis. Dans la ferme où il travaille, il fait partie de la famille, et quand, après la tâche de la journée, il s'asseoit à la table commune, on ne le traite point en serviteur, mais en enfant de la maison. S'il reçoit moins d'argent que l'ouvrier des villes, il est le plus souvent nourri par son maître, quelquefois même il est couché. Son modeste salaire est donc net; il n'a à en distraire que son entretien, son blanchissage et l'achat de ses vêtements. Ces vêtements lui coûtent peu d'ailleurs, car ils sont simples : couvert d'une blouse, chaussé de sabots, il est bien reçu partout. Une plus grande propreté les jours de fête constitue tout le luxe de sa toilette.

Vivant toujours au grand air et sobrement, n'ayant pas d'occasions de se livrer à des excès qui ruinent le corps, il a rarement besoin de médecin et de médicaments, à moins qu'il ne commette quelque imprudence après de longues fatigues.

« Le grand air, dit un auteur (1), l'exercice, la frugalité, lui donnent la santé, le premier des biens, et lui assurent une vieillesse exempte d'infirmités. N'est-ce pas dans les campagnes que la patrie trouve

---

(1) Ysabeau. *Leçons d'Agriculture.*

ses plus robustes défenseurs en temps de guerre et ses plus utiles citoyens en temps de paix ? »

Son logement, s'il le paye, lui coûte peu ; tout lit lui paraît bon quand il lui faut réparer, par un sommeil tranquille, ses forces affaiblies par une journée de peine. Durant les veillées d'hiver, il se chauffe au foyer de la ferme où il est employé ; car on y admet toujours avec plaisir l'homme honnête et laborieux. Il a peu d'occasions de dépenser inutilement ses économies : à la campagne, chacun travaille ; on y méprise les paresseux et les débauchés.

Vivant ainsi sagement, il peut chaque année mettre de côté un petit pécule ; et il arrive un jour où, récompensé de son labeur, il devient fermier ou petit propriétaire et maître à son tour.

Alors, quel n'est point son bonheur ! Soit qu'il possède une maisonnette et un peu de bien, soit qu'il tienne à ferme quelques terres, le voilà sûr de son existence.

Il est le plus libre de tous les hommes, car il peut se suffire à lui-même. Si Dieu bénit ses travaux, si ses récoltes sont abondantes, que de ressources ne trouve-t-il pas autour de lui, qui manquent à la ville, où il faut tout acheter !

Son jardin ne lui fournit-il pas ses légumes et ses fruits ? sa vigne et son verger, la boisson qui le désaltère et qui soutient ses forces ? ses champs, le blé qui fait son pain, les pommes de terre et la nourriture de ses bestiaux ? le chanvre et le lin, son linge de corps et la nappe blanche qui ornera sa table aux jours de fête ! Ses brebis ne lui donnent-elles pas la laine dont on tissera ses habits d'hiver et les couvertures de son lit? ses vaches, le lait, le beurre, le fromage? le porc qu'il engraisse, une chair saine et substantielle? La commune enfin, presque toujours, ne lui fournit-elle pas son bois de chauffage, et parfois celui dont il aura besoin pour ses constructions?

La vente des produits surabondants servira à acquitter son loyer, s'il tient à bail les terres qu'il cultive, à payer ses instruments de travail et les autres dépenses de son ménage.

Dans les bonnes années, il se créera même un petit capital qui lui permettra d'arrondir peu à peu l'héritage qu'il léguera à ses enfants.

Il n'arrivera peut-être pas, malgré ses patients travaux et son économie, à la fortune, mais il parviendra sûrement à l'aisance ; et que faut-il de plus pour être heureux?

Pourquoi n'ajouterais-je pas, avec l'auteur déjà cité, que le cultivateur, sans cesse en présence des œuvres de Dieu, est plus porté que tout autre à conserver ces sentiments religieux qui font le bonheur et la consolation de l'homme à toutes les époques de sa vie?

Cette esquisse de la **vie des champs** suffirait, je crois, mes amis, pour la faire préférer à toute autre; pour que l'impression vous soit encore plus profonde, examinons maintenant l'existence des villes.

QUESTIONS : Quelle est l'existence de l'ouvrier à la campagne? — Quels avantages en résulte-t-il pour lui sous le rapport des relations avec ses maîtres, des habitudes qu'il contracte, de sa santé et de sa moralité? — Qu'arrive-t-il quand il devient fermier ou petit propriétaire? — Faites connaître les ressources qu'il trouve autour de lui. — La vie des champs n'est-elle pas propre à faire conserver les sentiments religieux?

TROISIÈME LECTURE.

La Campagne et la Ville (suite).

L'ouvrier de la ville, et je n'entends pas par ce mot le simple manœuvre qui vit au jour le jour, au service du premier venu, sans savoir s'il aura du travail, et partant du pain pour le lendemain (nul de vous ne songerait à envier sa triste existence), mais l'ouvrier exerçant un état au profit d'un fabricant, d'un entrepreneur, l'ouvrier des villes, dis-je, n'est entouré le plus souvent que d'étrangers et de cœurs égoïstes. En ces lieux où l'argent est le seul mobile, l'industriel ne voit dans l'homme qu'il emploie qu'une machine, qu'un instrument de sa fortune. Il ne s'inquiète de lui que pour activer son ardeur, que pour tirer de ses efforts le plus de profit possible. Ne cherchez en général à la ville ni l'amitié ni les égards du maître; il n'y a plus place ici pour cette douce familiarité qui, à la campagne, le lie à son serviteur.

L'ouvrier de la ville reçoit, j'en conviens, un salaire plus élevé que l'ouvrier de la campagne, mais à combien de dépenses ne se trouve-t-il pas entraîné qui sont inconnues au paysan!

S'il est célibataire, il se logera, par économie, dans des *garnis*, sortes d'immenses dortoirs où viennent, pour un prix minime, je ne dirai pas dormir, car les allées et venues à toute heure en bannissent le repos, mais passer la nuit les pauvres des cités populeuses. Là, au milieu de gens inconnus, perdus de vices pour la plupart, il pervertira son âme, tandis que son corps s'affaiblira par l'insomnie et la privation d'air pur, cet aliment essentiel de l'existence.

N'ayant, pour réparer ses forces, ni le grand air ni le sommeil tranquille dont jouit le paysan, il lui faudrait une nourriture plus variée, plus délicate; comme il a peu de ressources, il prendra pension dans une de ces auberges soi-disant à bon marché, où on lui fera payer bien au-dessus encore de leur valeur des aliments très-souvent malsains.

Ses rapports continuels avec des gens riches l'obligeront par vanité à une certaine coquetterie dans sa mise; ses vêtements lui coûteront cher, et, comme ce n'est point ce qui est le plus beau qui dure le plus, il les lui faudra renouveler souvent.

Durant les longues soirées d'hiver, il se réunira à ses compagnons de *chambrée*, dans les cabarets et les lieux publics; là, entraîné à boire et à jouer, il dépensera souvent à l'avance le prix d'une semaine de travail. Qui sait s'il ne se livrera pas à d'autres désordres; car il n'aura autour de lui que des étrangers dont il ne redoutera pas le mépris, ou des gens pervertis qui se feront un jeu d'exciter ses passions mauvaises.

L'habitude de la débauche s'enracinera bientôt dans son âme, et les devoirs les plus sacrés seront négligés.

A la religion, il n'y pensera que pour la tourner en raillerie; et, si les bons sentiments gravés dans son cœur par une mère pieuse ou par un pasteur zélé le poussent encore, au début de son séjour à la ville, à quelques pratiques de piété, il n'osera bientôt plus s'y livrer ouvertement, dans la crainte du ridicule.

Entraîné ainsi aux désordres de toute sorte, sans que rien ne le détourne du mal, sa santé s'altérera peu à peu. Les maladies, sans parler de celles qui sont inhérentes aux diverses professions industrielles, viendront s'appesantir sur lui. Les premiers soins lui manqueront, car il n'aura pas de quoi payer médecins et médicaments; autour de lui il ne rencontrera que des visages égoïstes et sans pitié.

Il ira à l'hôpital, me direz-vous; oui, mes amis, il ira à l'hôpital, et, dans cet asile ouvert par la charité aux souffrances du pauvre, il trouvera de saintes femmes qui lui prodigueront leurs soins et leurs consolations. Mais lui tiendront-elles lieu des parents qu'ils a quittés, d'une sœur, d'une mère? Bien loin de cette famille au sein de laquelle il aurait vécu heureux peut-être, dévoré de regrets et de repentir, il languira, souffrira, mourra sans pouvoir dire aux siens un dernier adieu, sans avoir l'espérance qu'un ami vienne un jour pleurer sur son tombeau : la fosse commune réclame ses restes.

Voilà, mes amis, presque toujours, l'existence de l'ouvrier des villes qui vit seul, abandonné à ses passions.

Considérons maintenant la vie de l'ouvrier marié; même en le supposant honnête, bon et laborieux, nous y retrouverons trop souvent des misères plus affreuses encore. Avec la famille, ses charges augmentent : il lui faut un logement qu'il paye bien cher, car les loyers coûtent à la ville; il faut qu'il songe chaque jour à fournir du pain, des vêtements à sa femme et à ses enfants; et il est seul pour apporter au logis de quoi suffire à son ménage.

Que d'inquiétudes, que de soucis pour ceux qu'il aime!

Si l'ouvrage vient à manquer, et les jours de chômage sont fréquents dans les villes, où trouvera-t-il de quoi se nourrir, lui et les siens?

Il empruntera, dites-vous. En admettant qu'il puisse le faire, qu'il rencontre des cœurs charitables qui se fient à sa probité, voilà de nouvelles charges qui lui sont imposées. Il faudra rendre l'argent; il faudra, pendant de longues semaines, s'arracher chaque jour de la bouche quelques morceaux de ce pain, à peine suffisant déjà, pour que la dette soit payée! Et s'il ne trouve point à qui emprunter, quelles tortures ne souffrira-t-il pas en voyant ses enfants gémir, lui demander en pleurant une nourriture qu'il ne peut leur donner! tortures morales bien plus terribles que celles du célibataire qui, s'il souffre, souffre seul!

Si, malgré ces misères, l'ouvrier probe et travailleur parvient à s'établir à son compte, son sort, pour être meilleur, est encore bien loin d'être digne d'envie.

Toujours sous la dépendance de plus riche que lui, toujours soucieux de son existence, car il ne vit que sur la préférence d'une clientèle; toujours en lutte avec des débiteurs qui ne le payent point et des créanciers qui le pressent, d'autant plus inexorables qu'ils sont parfois eux-mêmes dans la gêne, il lui faut bien de l'énergie morale, bien de la patience, bien du courage pour diriger sans encombre ses affaires et arriver, à travers mille périls, à l'aisance et au repos.

Pour un qui réussit à la ville, combien n'en voyons-nous pas, mes amis, qui sont obligés de cesser leur commerce, la honte au front?

Que de banqueroutes, dans les villes manufacturières, que de faillites que l'on ignore au village!

QUESTIONS : Quelle est l'existence de l'ouvrier dans les villes? — Quelle est sa position à l'égard de l'industriel qui l'occupe? quelle est sa vie? quelles sont ses habitudes? — N'est-il pas sans cesse exposé à perdre de vue la religion dans laquelle il est né; à compromettre sa santé? — Que devient-il s'il tombe malade; s'il a de la famille; si le travail manque? — Quels sont les inquiétudes, les malheurs auxquels se trouve exposé l'ouvrier qui, sans beaucoup d'avances, parvient néanmoins à s'établir?

QUATRIÈME LECTURE.

Les Enfants à la campagne et les Enfants à la ville.

A la ville, les enfants sont une charge, et rien qu'une charge; à la campagne, les enfants sont un bienfait, même pour le pauvre : dès leur plus tendre jeunesse, ils peuvent rendre à leurs parents une foule de petits services, et alléger, par l'emploi utile de leurs forces, les dépenses que l'on fait pour eux.

Ce sont eux qui conduisent aux champs les bestiaux; qui, pendant que les bœufs et les moutons broutent l'herbe fraîche dans les prés, ramassent le fourrage qui les nourrira l'hiver. Tandis que leurs aînés surveillent le troupeau et se livrent à ces soins, les plus jeunes parcourent les routes et recueillent les engrais qui fertiliseront le jardin de la ferme. Plus âgés, ils excitent les chevaux à la charrue, répandent les fumiers, sarclent les récoltes, arrachent les pommes de terre, accomplissent, en un mot, ces mille travaux que leur âge leur permet d'entreprendre aux champs.

L'enfant de l'ouvrier qui travaille chez les autres va se placer comme berger dans les fermes, et peut ainsi grossir de son propre salaire les économies de ses parents.

En vivant ainsi, non-seulement le fils du villageois est utile à sa famille, mais encore, exerçant dès son jeune âge ses forces physiques, il s'habitue peu à peu au travail; il devient robuste et vigoureux, et il apprend chaque jour à aimer la profession de son père.

En hiver, lorsque la terre réclame moins de bras, il va à l'école communale, toujours ouverte gratuitement aux bons sujets, et là, s'il est studieux et attentif aux leçons du maître, il peut puiser des connaissances qui agrandiront son intelligence et la rendront accessible aux nobles idées.

A l'abri de toute tentation mauvaise, il conservera purs ses bons sentiments; il se fera aimer de tous et deviendra plus tard un homme honorable et utile.

Il sera heureux à tout âge, parce que sa conscience sera satisfaite et que le témoignage seul d'une bonne conscience donne le bonheur.

À la ville, ai-je dit, les enfants sont une charge ; en général, ils ne peuvent en rien compenser par leur travail les sacrifices dont ils sont l'objet. En effet, jusqu'à l'âge de 14 à 15 ans, âge auquel on les met en apprentissage, à quoi pourrait-on les occuper ?

Dans les villes manufacturières, il est vrai, là où des usines, des fabriques utilisent les moindres forces, on les emploie en grand nombre à des ouvrages proportionnés à leur âge. Soumis au plus rude esclavage par des contre-maîtres souvent cruels et sans pitié, vivant au milieu d'ouvriers pétris de vices, ils y sont malheureux et en sortent, s'ils ne périssent pas à la tâche, pervertis sans ressource ; ils travaillent du moins, et leur salaire soulage un peu leurs familles.

Mais dans les villes sans grande industrie, que font-ils ? Leurs parents, retenus souvent hors du logis par leurs occupations, ne peuvent les y laisser seuls ; ou bien, si leur état leur permet de travailler chez eux, le bruit que les enfants occasionnent toujours les gêne et les distrait. Ils les chassent, dans tous les cas, et les laissent vagabonder dans les rues. Là, réunis à tous les mauvais sujets du voisinage, ils errent tout le jour, se querellant, se battant, injuriant ceux qui passent, ou, sortant dans la campagne, ils vont marauder autour des jardins, s'appropriant tout ce qu'ils peuvent atteindre, quand encore ils ne franchissent pas les haies et les murs pour voler plus à leur aise.

N'ayant sous les yeux que de mauvais exemples, parfois de la part même de leurs parents, sans rien qui puisse réprimer leurs penchants vicieux, au sein de la paresse et de l'oisiveté qui les excitent, au contraire, ils grandissent dans le mal; et souvent, après avoir passé sur les bancs des tribunaux, ils vont peupler les maisons de correction.

Et quand ils sortent de là, mes amis, on peut les dire perdus sans remède : au contact journalier de criminels endurcis, ils se dépouillent bientôt du reste de pudeur et de bonté qui se cachait encore au fond de leur âme.

QUESTIONS : Pourquoi, à la campagne, les enfants sont-ils plutôt un bienfait qu'une charge?—A quoi, dès un âge tendre, peut-on utiliser leurs forces dans les différentes saisons de l'année, tout en leur laissant le temps d'acquérir quelque instruction?—Pourquoi, dans les villes, les enfants sont-ils une charge pour leurs familles? — A quels dangers les expose l'abandon dans lequel ils se trouvent jusqu'à l'époque d'un apprentissage?

CINQUIÈME LECTURE.
L'Agriculture est la plus noble des professions.

Oui, mes amis, l'agriculture vaut mieux que tout état des villes, et quiconque a étudié ce sujet comme nous venons de le faire est évidemment de notre avis.

Et pourtant, beaucoup nous approuvent, qui, j'en suis sûr, iraient encore aux villes, ou y enverraient leurs enfants.

C'est qu'ils ont dans l'âme un défaut inhérent à la faiblesse de l'homme, défaut qui lui fait commettre bien des erreurs, bien des fautes, en l'aveuglant sur la réalité : c'est qu'ils sont vaniteux.

Ils veulent briller aux yeux de leurs semblables.

éblouir, étonner les regards, et comme un habit, à leur sens, est plus beau qu'une blouse, comme l'existence des villes leur paraît, à travers l'éloignement, parsemée d'honneurs et d'égards flatteurs, ils aiment mieux, même en appréciant ce qu'il vaut, l'état misérable de l'ouvrier des cités, être un *monsieur* souvent esclave et malheureux qu'un *paysan* libre et content de son sort.

Puisqu'il faut traiter cette question de faux orgueil, quoique la vanité soit une triste chose à mes yeux, je leur dirai et je leur prouverai ceci: que, *de toutes les professions, l'agriculture est la plus noble et la plus honorable.*

En quoi consiste, en effet, la noblesse et la dignité d'une profession, si ce n'est en son utilité pour la société humaine, en l'élévation de ses pratiques, en la grandeur des sentiments qu'elle inspire à celui qui l'exerce ?

Eh bien ! l'agriculture n'est pas seulement utile, elle est indispensable aux nations !

Par l'agriculture, la terre rendue féconde donne chaque jour à l'homme qui la cultive, outre sa nourriture quotidienne, ces trésors sans nombre que met à profit la civilisation.

Sans l'agriculture, elle resterait stérile ou ne produirait que des épines et des ronces : les peuples périraient ou deviendraient semblables aux bêtes sauvages.

N'est-ce point l'agriculture qui donne à l'industrie, aux arts, toutes les matières premières qu'ils transforment pour notre bien-être?

Le lin, le chanvre, le coton, la laine, la soie qui nous vêtent, après avoir occupé mille professions diverses? les graines oléagineuses qui font l'huile qui nous éclaire, qui relève nos mets, qui entretient les machines? les plantes tinctoriales, au moyen desquelles le luxe donne à nos vêtements des teintes agréables à l'œil? N'est-ce point grâce à l'agriculture que les bestiaux nous fournissent leur chair succulente et leur peau pour mille usages? les arbres de toutes sortes, leurs fruits savoureux, et leur bois pour construire nos demeures?...

Elle est indispensable, le voilà prouvé. Ses pratiques sont nobles : le cultivateur intelligent ne marche-t-il point, en ce monde, sur les traces de la Divinité? Il commande à la terre de produire, et sous ses mains laborieuses la terre produit. Il commande aux animaux, et les animaux obéissent. Il a pour serviteur la nature entière, et pour maître Dieu seul !

Travaillant toujours et toujours récompensé de ses peines, l'homme des champs sourit à ses propres efforts et ne songe point à mal faire ; il se sent heureux, et ce bonheur dispose doucement son âme à l'amour de ses semblables, à la reconnaissance envers le Créateur.

Chez toutes les nations, dans tous les temps, l'agriculture a été en honneur. Sans parler des anciens peuples dont on vous raconte la vie dans l'histoire sainte, par exemple, et qui n'étaient que de grandes réunions de laboureurs et de bergers, nous voyons, à cette époque même, l'empereur de la Chine, pour honorer cette noble profession et montrer tout le respect qu'il attache à ses travaux, diriger tous les ans, dans une fête solennelle, les bœufs à la charrue et tracer un sillon de ses propres mains.

« S'il y a un homme qui ne laboure point, une femme qui ne s'occupe point à filer, dit une ordonnance d'un souverain chinois, quelqu'un souffre le froid et la faim dans le pays. »

Dans notre France, ne voyons-nous pas les hommes les plus illustres et les plus honorés préférer le titre d'agriculteur à tous les autres titres dont l'admiration de la société les a dotés ?

De tous côtés se forment, sous le nom de Sociétés d'agriculture, de Comices agricoles, des réunions d'hommes intelligents qui se livrent avec amour à la recherche des meilleures méthodes de culture, qui font partager aux laboureurs les fruits de leur expérience et distribuent, sous le haut patronage de l'État et avec ses secours, de généreuses récompenses à ceux qui ont déployé le plus de zèle et d'habileté à suivre leurs préceptes.

Pourquoi donc, une dernière fois, courir à d'autres professions, lorsque, dans celle-ci, tout satisfait l'homme, ses besoins matériels et ses besoins intellectuels, son bien-être et son orgueil ?

QUESTIONS : Par quels sentiments sont aussi dirigés les cultivateurs qui envoient leurs enfants à la ville? — L'agriculture n'est-elle pas la plus noble et la plus honorable des professions? — N'est-elle pas la plus indispensable aux nations? ne fournit-elle pas les matières premières de toutes les industries ? — Les pratiques de l'agriculture n'élèvent-elles pas l'âme vers l'Auteur de toutes choses? ne donne-t-elle pas l'indépendance, la sagesse et le bonheur? — Dans tous les temps, dans tous les pays, n'a-t-elle pas été en honneur? — Citez des exemples à l'appui.

SIXIÈME LECTURE.

Le Cultivateur a besoin d'instruction.

Maintenant, mes chers amis, nous allons examiner avec plus de détail quelle doit être la conduite du cultivateur pour qu'il mène à bien ses affaires, les connaissances qu'il doit posséder, les soins qu'il doit prendre dans son domaine, et enfin les préceptes qu'il doit suivre pour la culture de ses terres.

Avant tout, je combattrai une erreur qui s'est trop longtemps accréditée dans la campagne, que le cultivateur n'a guère besoin que de bons bras. Pourvu qu'il soit fort et laborieux, qu'il sache lire, écrire, compter surtout, il conduira, dit-on, ses affaires à merveille.

Sans doute, avec ces seuls secours et son expérience, il peut *bien* faire; mais s'il est des connaissances plus élevées, faciles à acquérir, qui le mettent à même de faire *mieux*, pourquoi ne chercherait-il pas à les posséder?

Autrefois, les savants s'occupaient peu de l'agriculture; d'autres recherches inquiétaient leur esprit. On conçoit qu'alors le cultivateur s'en soit tenu, faute de mieux, aux traditions de ses ancêtres, qu'il ait, de père en fils, donné à ses champs les mêmes soins.

Mais aujourd'hui, il n'en est plus ainsi : la science, plus développée et plus sûre, comprenant toute l'importance de l'agriculture, s'applique chaque jour à perfectionner ses pratiques, à détruire les vices qui s'y sont introduits, et depuis quelques années on voit surgir de toutes parts des inventions utiles, des méthodes nouvelles, qui, employées sur une grande échelle, auraient évidemment les meilleurs résultats. Pourquoi donc persister à suivre une routine parfois déplorable, au lieu de profiter des découvertes des hommes instruits?

Que les enfants du cultivateur, qui sont jeunes et en état d'apprendre, soient envoyés dans ces écoles ouvertes de tous côtés à ceux qui veulent savoir ; non pas dans les colléges : l'instruction qu'on y donne, excellente pour ceux qui se destinent aux professions libérales, ne convient pas au fils du paysan ; il y puiserait peut-être une fausse ambition, et du mépris pour ses égaux ; mais dans les écoles primaires d'abord, où ils acquerront les premières connaissances, puis dans les fermes-écoles, dans les écoles régionales, où ils apprendront de saines méthodes de culture et se perfectionneront dans leur art.

Ils deviendront ainsi des hommes éclairés, et pourront, utilisant les secours réunis de la science et de l'expérience, faire faire de nouveaux progrès à l'agriculture, et, en prospérant eux-mêmes, se rendre utiles à la société.

En le chassant du paradis terrestre, Dieu dit à Adam : « Tu travailleras tous les jours de ta vie, et » la terre ne produira pour toi que des ronces et des » épines ; tu mangeras ton pain à la sueur de ton » front. »

Mais, en condamnant l'homme à un abîme de malheurs, Dieu ne l'a pas maudit tout à fait ; il a voulu qu'il pût peu à peu adoucir ses misères; il a laissé en lui l'intelligence pour lui faire découvrir à la longue les trésors que son péché lui avait ravis. C'est la volonté de Dieu, mes amis, que l'homme cultive son intelligence, qu'il l'applique à perfectionner ce qu'il sait et à inventer des choses nouvelles; sans cette étude et cette recherche, obligé de suivre servilement l'exemple de ceux qui l'ont précédé, il serait semblable à l'animal dont l'existence monotone traverse, sans varier en rien, la succession des siècles !

QUESTIONS : Le cultivateur a-t-il besoin d'instruction? et pourquoi ? — Que doivent faire les enfants du cultivateur pour acquérir l'instruction qui leur sera nécessaire? — Quelles furent les paroles de Dieu en chassant l'homme du paradis terrestre, et que lui a-t-il laissé pour adoucir ses misères?

SEPTIÈME LECTURE.

Instruction nécessaire au Cultivateur.

Outre les connaissances primaires, la lecture, l'écriture, le calcul, qu'il faut que tout homme sache, dans quelque profession qu'il soit, le cultivateur doit posséder les éléments des sciences suivantes : *histoire naturelle, physique, chimie, hygiène.*

L'histoire naturelle lui apprendra à distinguer les corps, à connaître l'organisation des plantes et des animaux.

La physique lui expliquera les mille phénomènes qui chaque jour se passent sous ses yeux : elle lui dira comment on prévoit les variations de température, comment on obvie aux inconvénients qu'elles apportent.

La chimie lui fera reconnaître la composition des terres qu'il cultive ; elle lui indiquera les moyens de fertiliser les sols incultes et d'augmenter la fécondité des autres.

L'hygiène lui donnera des conseils pour l'entretien de sa santé, de celle des bestiaux, de celle même des plantes qu'il cultive ; elle lui enseignera les remèdes à employer contre les maladies dont les uns et les autres peuvent être atteints.

Il aura de plus quelques notions d'*arpentage*, de *géométrie* et de *dessin*, qui lui serviront à lever le plan de ses domaines, à prendre les niveaux nécessaires à la conduite des cours d'eau pour l'irrigation des prairies, à donner les pentes convenables aux fossés pour l'assainissement des terres trop humides. Le dessin lui servira encore à modifier, suivant sa fantaisie, le tracé d'un jardin, à représenter et à rendre appréciables aux ouvriers les moins intelligents les changements qu'il voudrait introduire dans la forme des intruments aratoires et dans les constructions qui doivent servir à son logement, à recevoir ses récoltes et ses troupeaux.

Il apprendra aussi la *tenue des livres*, sans laquelle celui qui est à la tête d'une exploitation de quelque importance ne saurait se rendre un compte exact de la situation de ses affaires.

Enfin, il s'instruira, en lisant les ouvrages des hommes éclairés, de toutes les pratiques déjà connues que la science a ratifiées, et des méthodes nouvelles qu'elle conseille, d'après ses expériences, comme les plus profitables et les moins coûteuses.

Pour le cultivateur muni de ces connaissances et assez intelligent pour en faire à propos l'application, la nature n'aura plus de secrets.

Sous ses mains laborieuses et habiles, nul sol ne sera stérile. Les landes incultes et sablonneuses, les steppes pierreux et arides, fertilisés par ses travaux, se couvriront de productions diverses; car la nature, soumise à ses investigations patientes, lui fournira, pour chaque terrain, des plantes utiles appropriées à sa composition.

Dans les vallées profondes et humides, là où de nombreux cours d'eau sillonnent de vastes plaines, verdira l'herbe haute et tendre qui nourrira ses troupeaux. Les champs moins arrosés se couvriront de riches moissons; il y sèmera le blé, l'orge, le seigle qui feront son pain. Sur les flancs des coteaux brûlés par le soleil, mûriront les raisins dont le jus soutiendra ses forces. Le sommet des monts escarpés se couronnera d'épaisses forêts où il ira chercher le bois qui chauffera son âtre ou servira à bâtir sa demeure.

QUESTIONS : Quelles connaissances doit avoir le cultivateur ? — A quoi lui serviront les notions d'histoire naturelle, de physique, de chimie, d'hygiène, d'arpentage, de géométrie, de dessin, de tenue de livres? — Avec du savoir et de l'intelligence, le cultivateur ne peut-il pas transformer un mauvais sol en un bon et en tirer le meilleur parti possible?

HUITIÈME LECTURE.//
Conseils aux Enfants.

Outre l'instruction dont je viens de parler, mes chers amis, instruction que vous puiserez à l'école du village d'abord, et plus tard, sinon dans les fermes-écoles, du moins dans les conseils des hommes expérimentés et dans la lecture des bons ouvrages, outre cette instruction, dis-je, vous aurez encore besoin, pour être de bons et honorables cultivateurs, d'une grande force physique et d'un cœur honnête.

La force physique, vous l'acquerrez rapidement, si vous vous habituez au travail dès votre enfance.

Dès l'âge de dix ans, plus tôt même, il est des soins dont vous pouvez vous charger à la ferme. Vous nettoierez les cours, les greniers, vous réunirez les débris végétaux qui serviront de litière ou d'engrais. Vous seconderez votre mère dans les travaux du ménage ; vous accompagnerez votre père à la charrue ; vous sarclerez les légumes, arroserez le jardin ; vous ferez, en un mot, tout ce qui sera en rapport avec vos forces. Bientôt, en agissant ainsi, vous deviendrez robustes, et la tâche la plus rude ne sera qu'un jeu pour vous.

Quant à l'honnêteté, à la sagesse, vous n'avez qu'à écouter votre conscience : elle vous dira toujours ce qui est bien.

Soyez respectueux envers vos parents et vos supérieurs, obéissez sans murmurer à leurs ordres ; soyez bons, affectueux envers vos égaux.

Adoptez tous les jours de votre vie ce précepte qui renferme toute la morale qu'il faut suivre à l'égard de ses semblables : « *Faites à autrui ce que vous voudriez qu'il vous fût fait à vous-même; ne faites pas à autrui ce que vous ne voudriez pas qu'il vous fût fait.* »

Dans vos courses, dans vos promenades, habituez-vous à respecter ce qui n'est point à vous : le fruit qui vous tente dans le clos du voisin ne vous appartient pas, vous n'avez pas le droit de le cueillir. En coupant quelques épis dans le champ d'un autre, en foulant aux pieds l'herbe de ses prairies, en maltraitant ses bestiaux, vous commettriez autant de vols à son préjudice, aussi bien que si vous preniez dans sa bourse quelques pièces d'argent.

Il est encore un conseil que je vous engage fortement à suivre, mes chers amis : Ne détruisez point les petits oiseaux. Vous croyez, en le faisant, ne causer aucun mal; et c'est un de vos plus grands plaisirs, au printemps, d'aller fouiller les buissons, de grimper sur les arbres pour prendre les nids. Vous ignorez combien vous faites ainsi de tort à tous ceux qui vivent aux champs, à vos parents, à vous-mêmes.

Ces petits oiseaux que vous enfermez dans des cages, où, privés des soins de leur mère, ils meurent au bout de quelques jours, sauveraient le cultivateur, s'ils étaient libres, de bien des maux.

Ils sont créés, mes amis, pour détruire les insectes nuisibles, pour protéger les récoltes en faisant une guerre acharnée aux chenilles qui les dévorent. On a fait sur ce sujet de curieuses expériences : une nichée de mésanges a consommé en vingt et un jours quinze mille chenilles; on a retiré, en une année, de la retraite d'un couple de chats-huants quinze litres et demi d'os de rats, de souris, de taupes, etc.

Sans les oiseaux, que deviendraient les récoltes, exposées sans défense à ces myriades d'ennemis qui se jettent sur elles au printemps?

« Parmi les oiseaux, quelques-uns sont nuisibles
» pourtant: les moineaux et les pies, par exemple;
» ils font leur nid dans les crevasses inaccessibles
» des vieux murs, au sommet des grands arbres;
» ennemis de l'homme, ils cherchent à se mettre à
» l'abri de sa main: guerre à ceux-là!

» Mais ces mésanges charmantes, ces jolies fau-
» vettes, ces mélodieux rossignols, qui bâtissent,
» avec une confiance touchante, leurs nids dans les
» buissons, à la portée de notre regard, de notre
» bras, et qui semblent nous dire: « Ne me faites
» pas de mal, je combats vos ennemis, » laissons-les
» vivre en paix, ces bons petits oiseaux; ils sont la
» sauvegarde du cultivateur. » (Victor BORIE.)

Quand, après de longues heures de travail, vous vous reposerez à l'ombre des vieux chênes, ils vous remercieront d'avoir épargné leur utile existence, et leurs chansons joyeuses réjouiront doucement votre cœur.

QUESTIONS: L'enfant du cultivateur ne doit-il pas s'habituer de bonne heure au travail, à la sagesse, à l'honnêteté? — Pourquoi doit-il respecter ce qui ne lui appartient pas? — Agit-il sagement et dans l'intérêt de tous en détruisant les nids d'oiseaux?

NEUVIÈME LECTURE

Conseils aux Cultivateurs.

Avec la force physique, l'instruction et l'honnêteté, il faut encore au cultivateur, pour que ses affaires prospèrent, un grand esprit d'*ordre* et d'*économie*.

Tous les préceptes sur l'ordre peuvent se réunir en un seul, que l'on doit toujours retenir, dans quelque profession qu'on se trouve : « *Une place pour chaque chose et chaque chose à sa place.* »

Une place donc pour les outils et les instruments de labour; une place pour les harnais des bêtes de trait; une place pour les balayures, pour les chiffons, les brins d'herbes, de foin, de paille; que tout soit sous la main et puisse se trouver facilement. Le temps qu'on perd à chercher un outil quand il n'est pas à sa place est un temps perdu, outre que souvent l'objet s'égare.

Si vous ne mettez point à couvert les voitures, les charrues et les autres instruments, si vous les laissez exposés au soleil ou à la pluie, ils se détérioreront vite; il faudra les faire réparer; et, par défaut d'ordre encore, si vous ne prenez pas ce soin, quand le moment arrivera de vous en servir, ils seront usés, en mauvais état; vous n'en pourrez point faire usage, et les récoltes souffriront, s'avarieront, faute d'avoir été soignées à propos ou d'avoir été rentrées à temps.

Ne laissez disperser aucune parcelle de grain, de foin, de paille, de fumier: les grains réunis font le décalitre ; les brins de foin, de paille, font la botte ; les pelletées de fumier, la voiture. Encore une fois, que rien ne soit perdu.

L'économie ne consiste point, comme certains cultivateurs semblent le croire, à se priver souvent du nécessaire pour entasser écus sur écus : agir ainsi, c'est être avare ; l'économie bien entendue consiste à ne point faire de dépenses inutiles, tout en s'imposant celles qui sont de quelque utilité.

Bien des gens, à la campagne, cherchent à payer leurs ouvriers le moins qu'ils peuvent ; et, quand ils ont gagné quelques centimes sur leur salaire, ils s'imaginent avoir fait une économie. Ils ne calculent pas qu'un bon ouvrier, payé plus cher qu'un médiocre, est encore préférable à ce dernier ; car il travaille davantage et mieux, et que souvent un homme de peine, peu récompensé de ses efforts, se croit en droit de mal servir ses maîtres, de ne leur donner de ses sueurs que pour leur argent.

Bien des gens, au lieu d'acheter leurs charrues, leurs herses chez les habiles fabricants, qui leur vendent de confiance des instruments bien faits et solides, vont, pour payer un peu moins, se fournir chez des faiseurs médiocres. C'est encore une fâcheuse erreur : de mauvais outils, outre qu'ils se détérioreront plus vite, fatiguent celui qui les emploie ; on fait moins d'ouvrage ainsi et on perd bien vite le franc ou le demi-franc qu'on eût dépensé de plus pour en avoir de bons.

Que les cultivateurs se gardent donc de ces fausses idées ; qu'ils retiennent ce proverbe d'une grande vérité pratique : « *Les choses à bon marché sont toujours trop chères* (1). »

Le cultivateur, comme tous les hommes, doit être sobre. J'entends par là qu'il doit vivre de peu, sans excès ; qu'il doit, en un mot, manger pour vivre et soutenir ses forces, et non point par plaisir et par gourmandise. Ses aliments doivent être sains et nourrissants, mais sans recherche ni trop grande abondance. Les légumes que lui fournit son jardin, de la viande quelques jours de la semaine, le pain substantiel que l'on fabrique à la ferme composeront sa nourriture.

Quant au vin, s'il peut s'en procurer, soit du produit de ses vignes, soit par achat ou par échange, qu'il en boive à ses repas, pendant ses travaux, mais toujours modérément ; il soutiendra ses forces sans lui coûter bien cher. Qu'il fuie le cabaret ; le vin qu'il y boirait le dimanche lui coûterait le double et, pris avec excès, ruinerait son corps au lieu de le fortifier.

Une qualité encore, dont le cultivateur a besoin plus que tout autre, c'est la résignation. Chaque jour la gelée, la grêle peuvent détruire ses récoltes ; chaque jour la maladie peut décimer ses troupeaux. Il lui faut une grande force de caractère, une soumission complète aux volontés de la Providence pour ne pas être, à chaque moment de sa vie, découragé de ses entreprises. Mais quel homme n'est point exposé aux déceptions de toutes sortes ? Qui peut se dire sûr du lendemain ? Le cultivateur a cet avantage, que, si une

---

(1) F. Monnier, *Instructions sur l'Agriculture.*

année est mauvaise, la suivante est souvent bonne; et que, presque toujours, grâce à la multiplicité de ses cultures, à côté d'une récolte perdue, une autre, belle et intacte, lui offre d'immenses ressources en compensation de son malheur partiel.

Du reste, il lui est facile, moyennant une somme légère, d'assurer ses récoltes et ses bestiaux ; de même qu'il est des compagnies sûres qui garantissent ses bâtiments en cas d'incendie, il en est qui l'indemniseront largement de ses pertes d'autre genre.

Qu'il ait recours à ce bienfait de notre siècle; il sera tranquille, et à peu de frais.

QUESTIONS: Le cultivateur ne doit-il pas avoir beaucoup d'ordre? — Par quel précepte sur l'ordre sera-t-il dirigé? — Expliquez-le par des exemples? — En quoi consistera l'économie chez le cultivateur? — En quoi consisteront la sobriété, la résignation? — N'agira-t-il pas prudemment en faisant assurer ses récoltes aussi bien que les bâtiments qu'il occupe?

DIXIÈME LECTURE.

Conseils aux Cultivateurs (*Suite*).

Si vous avez des ouvriers sous vos ordres, mes chers amis, regardez-les comme vos égaux. Traitez-les doucement, comme s'ils faisaient partie de votre famille, comme vous voudriez être traités vous-mêmes si vous étiez à leur place.

Ne leur faites jamais sentir durement qu'ils sont sous votre dépendance; qu'ils soient vos compagnons de travail plutôt que vos serviteurs. N'exigez d'eux rien que de raisonnable. S'ils ont manqué à vos ordres, réprimandez-les, mais avec bonté. Donnez-leur le bon exemple : exemple du travail, exemple de l'ordre, de l'économie, de la sobriété, de la religion.

Aidez-les de vos conseils, pour qu'ils marchent dans une bonne voie. Que leur salaire soit raisonnable et payé exactement. Si quelque accident leur arrive, s'ils tombent malades, soyez humains envers eux; secourez-les le plus possible de vos soins, de vos consolations, de vos avances.

Cette justice, ces égards, ces bienfaits vous feront aimer de tous; ils chercheront à mériter par leurs efforts votre affection et votre estime ; ils prendront à cœur vos intérêts.

Ce sont les bons maîtres, mes amis, qui font les bons serviteurs : le long séjour d'un ouvrier dans une maison est un éloge pour celui qui l'emploie aussi bien que pour lui-même.

Autrefois on voyait des valets de ferme, des femmes de service, des bergers rester quinze, vingt, trente années auprès de la même famille, et il me souvient même d'avoir vu décerner un livret de caisse d'épargne et une médaille d'honneur à un charretier de labour qui, depuis cinquante ans, travaillait pour le même cultivateur. Aujourd'hui, ces faits sont rares, et c'est un grand malheur. Tâchez, par votre justice et par votre bonté, qu'ils se renouvellent chez vous.

Si vous êtes vous-mêmes, mes chers amis, placés comme domestiques ou comme ouvriers, soyez fidèles, respectueux envers vos maîtres.

Vous serez fidèles, non-seulement en ne détournant rien de ce qui leur appartient, mais encore en exécutant avec soin les travaux dont vous serez chargés, en ne laissant rien perdre de ce que vous pourrez conserver, en employant votre temps, enfin, le mieux qu'il vous sera possible, *car le temps vaut de l'argent;* perdre le temps qu'on doit à ses maîtres, c'est commettre à leur préjudice un véritable vol.

Vous serez respectueux, non-seulement en recevant avec docilité les ordres qu'on vous donnera, en ne répondant point impoliment aux observations qui vous seront faites, mais encore en ne parlant qu'en termes convenables de la maison qui vous occupe et en la défendant de tout votre pouvoir si on l'attaque injustement.

QUESTIONS : Quelle doit être la conduite du cultivateur envers les ouvriers qu'il emploie? — Les égards, la récompense due à leurs services ne contribuent-ils pas à les attacher à leurs maîtres? — Pourquoi, aujoud'hui, voit-on moins qu'autrefois des serviteurs séjourner de longues années dans une même famille? — Quelle doit être la conduite du serviteur envers son maître?

AGRICULTURE & HORTICULTURE

DEUXIÈME PARTIE.

NOTIONS GÉNÉRALES.

Maintenant, mes bons amis, que je vous ai dit quels devoirs étaient imposés au cultivateur, quelles vertus il devait pratiquer, je vais vous donner des conseils pour l'exploitation de vos terres ; je vais vous indiquer les moyens de leur faire produire des récoltes de toute espèce, de tirer de leur fécondité le meilleur parti possible.

ONZIÈME LECTURE.

Des Bâtiments d'exploitation.

La ferme se compose de deux parties distinctes : les terres que le cultivateur exploite et les bâtiments qu'il occupe.

Examinons d'abord comment doivent être disposés les bâtiments pour la plus grande commodité et le plus grand avantage du fermier. Leur bonne distribution, leur salubrité sont d'un immense intérêt pour le succès de ses opérations agricoles ; prenez donc grand soin, si vous faites construire, de bien méditer le plan de votre demeure, et, si elle existe déjà, faites tous vos efforts pour y apporter peu à peu toutes les améliorations nécessaires.

Les bâtiments d'une ferme doivent être, autant que possible, placés au centre de l'exploitation, à l'exposition du midi, dans le voisinage de sources ou de ruisseaux, mais loin de toutes les eaux stagnantes et croupissantes qui, par leurs émanations, nuiraient à la santé des hommes et des animaux. Faites exhausser le terrain qui les supportera de vingt-cinq à trente centimètres au-dessus du sol environnant. Que les chemins qui y conduisent de tous les points de l'exploitation et de la route la plus voisine soient larges, solides et bien entretenus.

La cour sera spacieuse, pour le transport facile des récoltes, l'entrepôt du fumier, etc., pour que les bestiaux puissent y venir prendre l'air pendant qu'on nettoiera les étables.

Les bâtiments comprennent : le logement du fermier, l'écurie, l'étable, la bergerie, la laiterie, le fournil, la grange, etc.

Le logement du fermier sera placé de telle sorte que, même de chez lui, la surveillance lui soit facile. Il sera vaste, bien ventilé par de larges fenêtres se correspondant pour qu'on puisse établir à volonté des courants d'air. L'ordre le plus parfait y régnera ; si l'ameublement n'y est pas riche, tout, du moins, sera propre et à sa place.

Au-dessous sera creusée la cave, destinée à recevoir les boissons, les pommes de terre, etc.

L'écurie et l'étable seront assez grandes pour que les chevaux et les bœufs y soient à l'aise, que les colliers, jougs, harnais, brosses, étrilles, coffre à l'avoine, râteliers, y trouvent commodément place, enfin pour que les hommes de service qui y couchent aient de l'air en quantité suffisante. On a calculé que, pour un cheval ou un bœuf, il faut que l'écurie ou l'étable ait $4^m 50^c$ de largeur, dont 3^m pour l'animal, 1^m pour le passage et $0^m 50^c$ pour le râtelier, les harnais, etc. Elles seront pavées et traversées par une rigole pour l'écoulement des urines. On pratiquera dans les murailles des ouvertures en face les unes des autres avec des volets pleins. L'air, par ce moyen, circulera librement, et, dans les grandes chaleurs, quand les bestiaux seront tourmentés par les mouches, il suffira de fermer un quart d'heure les volets, puis d'en entr'ouvrir un, afin de laisser passer un mince filet de lumière, pour que tous les insectes nuisibles, fuyant l'obscurité, se précipitent à l'extérieur.

La bergerie sera également vaste et aérée; 80 centimètres carrés sont nécessaires pour chaque mouton. Ceux qu'on engraisse et les brebis mères seront séparés des autres par une cloison.

Le poulailler se construira, autant que possible, loin des chambres habitées; car il s'y multiplie un grand nombre d'insectes incommodes à l'homme. Il se fermera avec soin, la nuit surtout, pour que les animaux destructeurs des volailles n'y puissent pas pénétrer.

La laiterie sera placée au nord, près d'une pompe, ou d'un cours d'eau; elle sera dallée, et on la lavera fréquemment.

Le fournil renfermera le four et les outils de boulangerie ; il poura tenir lieu de buanderie, si l'on y établit une chaudière. On en éloignera avec soin toute matière combustible.

Enfin, dans la grange, on serrera les gerbes, la paille, le foin ; dans les greniers disposés au-dessus, les grains de toute espèce ; dans un hangar adjacent, les charrettes, les tombereaux et les instruments aratoires. C'est dans ces lieux surtout qu'il faudra prendre mille précautions contre l'incendie : une étincelle sur un brin de paille suffit parfois pour mettre le feu à la grange et détruire en un instant la récolte de l'année.

Partout, je le répète encore, doit régner l'ordre le plus parfait, le propreté la plus minutieuse.

QUESTIONS : De quoi se compose une ferme ? — Comment doivent être placés les bâtiments ruraux ? — Quelles conditions doivent remplir la cour, le logement du fermier, l'écurie, l'étable, la bergerie, le poulailler, la laiterie, le fournil ? — Quelle est la destination de la grange, du hangar ?

DOUZIÈME LECTURE.

Quelques Notions d'Histoire naturelle.

Après avoir parlé des bâtiments d'exploitation, je pourrais, mes amis, vous entretenir immédiatement du jardin, qui leur tient de près; mais, auparavant, pour que vous me compreniez mieux plus tard, je crois nécessaire de vous donner quelques notions sommaires d'histoire naturelle.

L'histoire naturelle, mes bons amis, c'est la science qui apprend à distinguer les uns des autres les corps qui sont à la surface de la terre et à son intérieur, et à connaître leur organisation.

On partage tous ces corps en trois grandes divisions ou *règnes* : le règne *animal*, le règne *végétal* et le règne *minéral*.

Le règne *animal* comprend tous les êtres vivants qui sentent et se meuvent à leur gré.

Le règne *végétal* comprend les êtres vivants qui sont dépourvus de sensibilité et de mouvement volontaire.

Le règne *minéral* comprend les êtres qui sont privés de la vie.

Les terres, les pierres, les sables, les métaux appartiennent au règne minéral; les arbres, les arbustes, les plantes appartiennent au règne végétal; les animaux qui vivent sur la terre, les oiseaux, les poissons appartiennent au règne animal.

Tous les êtres vivants, plantes ou animaux, ont la faculté de se nourrir, c'est-à-dire d'accroître intérieurement les différentes parties dont leurs corps se composent, en empruntant des substances aux corps qui les environnent. Ils ont aussi la faculté de se reproduire ou de donner naissance à des êtres semblables à eux.

Les minéraux se forment et grandissent par la juxtaposition de substances qui s'ajoutent extérieurement les unes aux autres. Tandis que les végétaux et les animaux sont formés de parties essentiellement différentes par leur composition et leur structure, toute la masse des minéraux est de même nature; ils ne se reproduisent pas.

Tandis que les animaux se transportent d'un lieu à un autre pour chercher leur nourriture, les végétaux restent toujours fixés à la même place.

La *minéralogie* est la science qui enseigne à connaître les minéraux ; la *zoologie*, celle qui a pour but l'étude des animaux ; la *botanique*, celle qui décrit les végétaux.

Nous ne nous occuperons ici que de cette dernière.

On nomme *organes* des végétaux les parties de ces êtres qui remplissent les fonctions nécessaires ou utiles à leur vie.

Les principaux organes des végétaux sont : la *racine*, la *tige*, les *feuilles*, les *fleurs*.

La *racine* est la partie inférieure de la plante qui s'enfonce dans la terre. Elle sert à fixer le végétal et à tirer du sol la plus grande partie de sa nourriture.

On dit qu'une racine est *pivotante* quand elle s'enfonce perpendiculairement dans le sol, comme celle de la carotte, de la betterave, etc.; *fibreuse* quand elle se divise en une multitude de petits filaments s'étendant à peu de profondeur, comme celle du blé; *tubériforme* quand elle se renfle d'espace en espace, comme celle de la pomme de terre; *bulbeuse* quand elle ressemble à l'oignon.

Les racines sont dites *annuelles* quand elles ne durent qu'une année, exemple : le maïs ; *bisannuelles* quand elles en subsistent deux, exemple : la carotte; *vivaces* quand elles durent plus longtemps, exemple: le sainfoin, la luzerne, etc.

Le *collet* est la partie de la plante qui sépare, à fleur de terre, la racine de la tige.

La *tige* croît en montant vers le ciel; elle est l'axe de la plante et sert de support aux feuilles, aux fleurs et aux fruits. Tantôt elle est *simple*, c'est-à-dire ne porte pas de branches, tantôt elle se ramifie.

Les *feuilles* sont des organes attachés à la tige ou aux rameaux, qui remplissent dans l'air les mêmes fonctions que les racines dans la terre, c'est-à-dire qu'elles y puisent une partie de la nourriture du végétal.

Dans les *fleurs*, enfin, se trouvent les éléments des graines qui serviront à reproduire la plante.

La tige, les feuilles et les racines sont les organes de nutrition; les fleurs sont les organes de reproduction.

QUESTIONS : Qu'est-ce que l'histoire naturelle? — Comment divise-t-on les corps de la nature et que comprend chaque règne ? — Quels sont les caractères des êtres vivants ? — Comment se forment les minéraux? — Qu'entend-on par minéralogie, zoologie, botanique? — Qu'entend-on par organes des végétaux, et quels sont ces organes?—A quoi servent les racines? —Qu'entend-on par racines pivotantes, fibreuses, tubériformes, bulbeuses, annuelles, bisannuelles? — Qu'entend-on par collet, tige? — A quoi servent les feuilles? — Où se trouvent les éléments des graines?

TREIZIÈME LECTURE.

Notions d'Histoire naturelle (*Suite*).

A présent, mes amis, que nous savons quels sont les organes des plantes, nous allons voir à quoi servent ces organes; nous allons étudier brièvement les deux actes dont se compose la vie des végétaux : la *nutrition* et la *reproduction*.

Les végétaux se nourrissent, je l'ai déjà dit, en s'appropriant les sucs que la terre renferme, et en enlevant à l'air certaines substances qu'il contient.

La terre est en quelque sorte l'*estomac des plantes*. C'est dans son sein que les engrais, les gaz, les matières animales et minérales qui y sont enfouies, s'épurent et se transforment en principes nourrissants.

Ces principes, élaborés longtemps dans le sol, sont pompés par les extrémités des racines ; unis à l'eau, ils forment la *séve* du végétal : cette séve, par une cause inconnue, monte dans son intérieur et se répand partout, dans la tige, dans les feuilles, dans les fleurs. Mais pour que ce liquide puisse nourrir la plante, il faut qu'il subisse, sous l'influence de l'air, une transformation. C'est la respiration des végétaux qui produit ce phénomène.

Les feuilles, l'écorce, les parties vertes en général absorbent à chaque instant une certaine quantité d'air, en gardent une partie, qui s'unit à la séve et la rend nutritive, et rejettent l'autre à l'extérieur. Chose admirable! les plantes rejettent précisément l'un des éléments de l'air que les animaux absorbent, et elles absorbent celui qui est inutile aux animaux! La séve, ainsi modifiée, se durcit peu à peu et accroît intérieurement toutes les parties du végétal.

Pour qu'une plante croisse et vive, il faut donc, mes amis, lui fournir abondamment les matières nutritives dont elle a besoin ; mêler au sol où elle est fixée les engrais convenables et en quantité suffisante, la placer enfin en lieu tel que l'air la baigne de toutes parts. C'est un mauvais calcul que de semer trop dru.

Les végétaux trop rapprochés les un des autres n'ont point l'air qu'il leur faut, et l'espace de terre que chacun a pour sa part ne lui fournit pas tous les sucs qui lui sont nécessaires. Ils se nourriront mal et dépériront, de même que cinquante hommes qui n'auraient pour eux tous que la ration de vingt-cinq.

Examinons maintenant comment se reproduisent les plantes. Nous avons vu que les organes servant à cette fonction étaient les fleurs. Elles renferment un petit corps de forme variable selon les espèces, que l'on nomme *ovaire* et qui contient les éléments des graines. A un certain moment, quand le végétal est parvenu à maturité, ces rudiments des graines sont fécondés ; la fleur aussitôt se flétrit et tombe, l'ovaire se développe et devient le fruit qui renferme les graines en son intérieur.

Tantôt ce fruit, devenu mûr, s'ouvre et les laisse échapper, tantôt il tombe lui-même, et ce n'est que dans la terre que, pourrissant peu à peu, il laisse la semence percer son enveloppe et pousser au dehors.

Une fois les graines tombées, la plante qui les a produites se dessèche et meurt.

Vous ne sauriez peut-être expliquer, mes amis, vous qui voyez cueillir les graines et les semer méthodiquement, comment elles peuvent s'enfouir dans la terre en ces lieux sauvages où la culture de l'homme n'a jamais pénétré. En cela, il faut encore admirer la providence du Créateur. Ces graines tombent d'elles-mêmes, je vous l'ai déjà dit, au pied de la plante, ou bien, emportées par le vent ou échappées du bec des oiseaux, elles sont déposées de tous côtés, à des distances parfois immenses, sur les rochers les plus inaccessibles. Un peu de terre les recouvre ; elles germent, grandissent et offrent leurs fleurs et leurs fruits au voyageur étonné de les voir pousser là sans culture.

Quant à la germination des plantes, à la manière dont la semence se développe dans le sol, c'est un secret que sans doute on ne pénétrera jamais. Tout ce que l'on sait, c'est que la graine, enfouie dans des circonstances convenables de chaleur et d'humidité, pousse au bout de quelque temps des racines vers l'intérieur de la terre et un germe vers la surface. Les racines s'étendent peu à peu, le germe grandit, se fait jour jusqu'à l'air, puis il croit au dehors en donnant des feuilles, des fleurs et des graines, jusqu'à ce qu'il se flétrisse et meure comme le végétal dont il est sorti.

Les plantes se reproduisent encore autrement que par graines, quoique ce mode soit le plus naturel et le plus ordinaire. Presque toutes leurs parties, placées en terre dans des circonstances convenables peuvent donner naissance à des individus semblables. Coupez une branche de peuplier, d'osier, fixez-la dans le sol ; il poussera un peuplier, un osier. Plantez une fane de pommes de terre, un morceau de tubercule, vous obtiendrez un pied de la plante, comme si vous en aviez semé la graine.

Nous reviendrons plus loin sur ce mode de reproduction ; j'ajouterai seulement ici que les graines qu'on réserve pour semence doivent être choisies parmi les plus mûres et les mieux conservées. Celles des *récoltes précédentes* sont généralement préférables.

Il est bon, de plus, de changer quelquefois de semence, de faire des échanges avec d'autres cultivateurs : les variétés de blé, d'orge, etc., dégénèrent souvent quand elles ont été semées plusieurs années de suite sur un même terrain. Ainsi, j'ai vu des blés sans barbes, semés loin de toute autre variété, devenir barbus après quelques années de culture sur le même sol.

QUESTIONS : Comment se nourrissent les végétaux ? — A quoi peut-on comparer la terre ? que se passe-t-il dans son sein et que deviennent les engrais, les gaz et les autres substances qui y sont enfouies ? — Les plantes ne respirent-elles pas ? — Que faut-il pour qu'une plante croisse et vive ? — Comment se reproduisent les plantes ? — Que sait-on du phénomène de la germination ? — Les plantes ne se reproduisent-elles pas autrement que par les graines ? — N'y a-t-il pas quelques précautions à prendre dans le choix des graines ?

QUATORZIÈME LECTURE.

L'Air, l'Eau, la Chaleur et la Lumière.

Quatre agents, l'*air*, l'*eau*, la *chaleur* et la *lumière*, exercent sur les plantes une immense influence, et il faut bien connaître cette influence, bonne ou mauvaise, si l'on veut, pour le plus grand avantage des cultures, la favoriser ou y remédier.

L'air, comme nous l'avons déjà dit, est indispensable aux végétaux; sans lui, ils ne pourraient point vivre : il faut donc faire ses plantations de telle sorte qu'elles en aient en abondance et, pour cela, ne point les faire trop drues; il faut les éclaircir à de certaines époques pour que chaque tige ne soit point gênée par ses voisines.

L'air pourtant peut nuire parfois, quand il est violemment agité ; les vents courbent les blés, cassent les branches des arbres, enlèvent les graines mûres ; il faut donc choisir les variétés de récoltes les moins sujettes à *verser*, mettre des tuteurs à certaines, abriter le plus possible celles qui ont à redouter les orages.

L'eau nous apparaît à l'état de *vapeur*, à l'état de *liquide*, ou à l'état de *glace*. A l'état de vapeur, invisible et mêlée à l'air, ou bien, sous la forme de brouillards ou de nuages, elle favorise la végétation. Quand l'atmosphère est trop sèche, les plantes se flétrissent ; si elle devient humide, au contraire, elles reprennent leur vigueur et leur fraîcheur.

A l'état liquide, l'eau pénètre dans le sol ; elle dissout les matières nutritives et les rend propres à être pompées par les racines. Elle joue en quelque sorte, à l'égard des végétaux, le rôle de la salive chez l'homme. Admirez, après une longue sécheresse, l'effet de la pluie sur les plantes qui cessaient de croître, qui étaient fanées. Voyez les fleurs, les légumes se développer rapidement sous les arrosages fréquents du jardinier.

A l'état de glace, l'eau nuit aux végétaux. Vous savez sans doute qu'une bouteille pleine d'eau se brise quand cette eau gèle, que des pierres même se réduisent en poussière quand l'humidité qu'elles renferment se transforme en glace.

Eh bien ! si l'eau que contiennent les tissus des plantes vient à geler, elle augmente de volume et brise ces tissus. Ces tissus rompus, le végétal meurt. Il n'est personne qui n'ait vu les pommes de terre, les fruits, les raisins pourrir après les gelées.

Qui ne connaît, en outre, les effets désastreux de la grêle, ce fléau qui détruit en quelques minutes une récolte?

La neige pourtant est utile : elle empêche la température du sol de s'abaisser trop brusquement ; recouverts par elle, les blés ne souffrent point du froid, se fortifient et poussent même pendant l'hiver.

Sans chaleur, point de végétation. En hiver et durant les grands froids, les plantes ne grandissent pas; au printemps, au contraire, quand le soleil réchauffe la terre de ses rayons, les graines germent, les récoltes lèvent, les boutons paraissent sur les arbres, les feuilles commencent à verdir; si la température s'élève encore, les fleurs se forment, les fruits enfin se développent et mûrissent. Dans les serres chaudes, où l'on entretient une chaleur factice au plus fort de l'hiver, pendant que tout, saisi par le froid, reste stationnaire au dehors, les plantes se couvrent de feuilles, de fleurs et de fruits.

La chaleur est donc nécessaire à la végétation; l'excès pourtant nuit en cela comme en toutes choses: pendant les brûlantes journées d'été, on voit les gazons jaunir, les fleurs se dessécher ; mais le remède est facile, un peu d'eau suffit pour arrêter le mal.

La lumière n'est pas moins indispensable aux plantes que l'air, l'eau et la chaleur. Examinez, en effet, celles qui croissent dans l'obscurité, dans les caves, par exemple ; elles n'ont pas de vigueur, elles sont pâles, jaunes, et, comme si elles sentaient ce qui leur fait défaut, elles se dirigent constamment vers les soupiraux d'où peuvent leur venir quelques rayons du jour. Celles qui sont contre les murs tendent à s'en éloigner. Les récoltes trop épaisses jaunissent en dessous. Les pommes des choux, l'intérieur des laitues ne deviennent tendres que parce que la lumière n'y pénètre pas. C'est pour cette raison que les jardiniers ont soin de lier les salades pour les faire blanchir; elle deviennent par ce moyen moins dures, moins âcres et plus agréables à l'œil.

Il faut donc, pour que la végétation soit vigoureuse et produise les meilleurs résultats, beaucoup d'air, beaucoup d'eau, de chaleur et de lumière. Selon que les mêmes plantes se trouvent dans telles ou telles circonstances d'exposition et de température, elles acquièrent différentes qualités.

Dans le midi, par exemple, où la chaleur est plus forte, les pailles sont plus nourrissantes que dans le nord; les fruits sont plus colorés, plus sucrés, les fleurs ont plus d'odeur. Certains fruits, comme l'abricot, la pêche, ont en général une saveur plus parfumée quand ils proviennent d'arbres à plein vent que quand ils ont mûri sur des espaliers. Pourquoi, enfin, taille-t-on les arbres, sinon pour les dégager des branches qui arrêteraient l'air et la lumière? Les fruits qu'on obtient sont moins nombreux, mais ils sont plus savoureux et plus gros.

QUESTIONS : Quelle est sur les plantes l'influence de l'air, de l'eau, de la chaleur et de la lumière? — A quoi ces agents servent-ils? — Quand l'air et l'eau nuisent-ils aux végétaux? — La neige ne leur est-elle pas utile? — Que deviennent les végétaux quand ils n'ont pas la lumière et la chaleur qu'ils réclament?

QUINZIÈME LECTURE.

Différentes sortes de Terrains.

Avec plusieurs auteurs, mes amis, j'ai dit que la terre était pour les plantes ce qu'est l'estomac pour les animaux. Eh bien ! de même que, dans ces derniers, l'estomac est plus ou moins robuste, plus ou moins propre à digérer les aliments, de même qu'il peut, par suite d'excès ou de maladies, s'épuiser et devenir peu propre à remplir ses fonctions, de même la terre, suivant les localités, prépare plus ou moins bien les aliments des plantes, de même elle peut perdre ses qualités par diverses causes.

Je vais examiner rapidement quelle est le plus ordinairement sa constitution, quels avantages ou quels inconvénients elle présente dans les différents cas, comment on doit augmenter sa fertilité ou remédier à son appauvrissement.

La terre *végétale*, celle que l'on peut cultiver, n'est point un corps simple, c'est-à-dire formé d'un seul élément; c'est un mélange de diverses substances minérales, de débris de roches, de matières animales et végétales en décomposition, et la nature de ce mélange varie beaucoup suivant les localités.

On distingue principalement trois sortes de terres : les terres *argileuses*, les terres *sablonneuses* et les terres *calcaires*.

On dit qu'une terre est *argileuse* quand elle renferme cinquante pour cent d'argile. On la reconnaît à ce qu'elle est grasse au toucher, lourde, tenace, qu'elle adhère fortement aux corps avec lesquels elle est en contact. C'est elle qui sert à faire les briques et les poteries. Les terres argileuses, qu'on nomme aussi terres *froides*, se laissent pénétrer difficilement par l'eau ; mais, une fois qu'elles en sont imbibées, elles la retiennent longtemps ; aussi faut-il les diviser le plus posible, les *ameublir* avec du sable, du gravier, des marnes, de la chaux, des plâtras et mortiers provenant de démolitions, etc., et y pratiquer des travaux d'écoulement. Pour les travailler aisément, on choisit le temps où elle ne sont ni trop sèches ni trop humides. Si l'on peut y mettre la bêche avant l'hiver, c'est un bien ; car les gelées les réduisent en fine poussière et les disposent à recevoir les semences au printemps. Les mauvaises herbes, et surtout le chiendent trainasse, y abondent ; il faut les en extirper avec soin. Ces terres conviennent aux blés, aux pois, aux colzas, à la navette, etc.

Les terres *sablonneuses*, brunes, jaunes ou blanches, renferment au moins soixante-dix pour cent de sable. Elles sont très meubles ; l'eau y pénètre aisément, mais s'y évapore vite ; on les travaille facilement en tout temps. Il est bon d'y faire arriver l'eau par des rigoles, comme cela se pratique dans les prés.

Il faut y mêler des argiles marneuses, beaucoup de fumier gras provenant des bêtes à cornes, des récoltes enfouies en vert ; les engrais n'y durent pas longtemps et doivent être souvent renouvelés. Des hommes expérimentés conseillent de les ensemencer sans engrais et de les couvrir au printemps de fumier renfermant beaucoup de paille. Le sarrasin ou blé noir, le maïs, le seigle, le millet y viennent parfaitement.

Les terres *calcaires* renferment au moins dix pour cent de chaux. Pour reconnaître la présence de cette substance dans un terrain, il suffit de mettre quelques parcelles de ce terrain dans un vase, et de verser par-dessus un peu de fort vinaigre ou un acide. Il se produit aussitôt un bouillonnement d'autant plus violent que la proportion de chaux est plus grande. Les terres calcaires se gonflent par l'effet des pluies ; elles se réduisent en poussière après les dégels, se durcissent difficilement par la sécheresse, ne se laissent pas envahir par les mauvaises herbes et se travaillent en tout temps. Elles conviennent surtout aux prairies artificielles et demandent des fumiers gras, des *composts* d'herbe, de terre et de purin, et des récoltes enfouies en vert

Le blé, les fèves, les pois, le maïs, la luzerne, le trèfle, les pommes de terre, les betteraves, etc., y viennent très-bien.

Quand un sol ne renferme que de la chaux ou de la craie, il est presque stérile ; il faut de grands travaux pour l'améliorer.

La chaux, qui a surtout pour propriété d'attirer et d'absorber l'humidité, communique aux terrains une chaleur féconde, soit par elle-même, soit en les divisant et en facilitant ainsi l'introduction de la chaleur solaire. On peut dire en général que la chaux rend moins arides les sols sablonneux, et les sols argileux moins humides et moins compactes. De plus, comme on trouve dans la plupart des plantes des traces de chaux, tout porte à croire qu'elle joue un rôle important dans leur alimentation.

Les terres rougeâtres renferment du fer; on peut les cultiver avec avantage.

On distingue encore une quatrième espèce de terrain, le terrain *humeux*. Il renferme cinq pour cent de matières animales ou végétales décomposées. Sa couleur est noirâtre; il sent le moisi et diminue de poids quand on le brûle.

Enfin, mes amis, une terre *franche*, c'est-à-dire qui présente les meilleures conditions pour produire, doit contenir, sur cent parties, quarante-cinq parties de sable, quarante-cinq d'argile, de une à dix de chaux, de trois à cinq d'*humus* ou terreau. Les terres diminuent de valeur quand leur composition s'éloigne de celle-ci.

Au-dessous du sol se trouve le *sous-sol*. Sa nature influe beaucoup sur la qualité du sol. Lorsqu'il ne renferme pas trop de pierres, il est bon de labourer chaque année un peu plus profondément, afin d'augmenter la couche de terre végétale par l'addition des éléments qui composent le sous-sol.

QUESTIONS: La nature des terres ne doit-elle pas être prise en grande considération par les cultivateurs? — Qu'entend-on par terre *végétale*? — Combien distingue-t-on de sortes de terres? — Qu'est-ce qu'une terre *argileuse*, une terre *sablonneuse*, une terre *calcaire*? — Comment les reconnaît-on; quelles sont leurs propriétés; à quelle plante chacune d'elles convient-elle; comment les améliore-t-on? — Quelles sont les propriétés de la chaux? — Qu'entend-on par terrain *humeux*? — Par terre *franche*? — Par sous-sol?

SEIZIÈME LECTURE.

Les Amendements. — Les Engrais.

S'*amender*, c'est se corriger : l'écolier menteur, paresseux s'amende quand il ne dit plus que la vérité, quand il travaille pour contenter ses maîtres et ses parents.

Amender un terrain, c'est l'améliorer, remédier à sa stérilité, le rendre plus léger quand il est trop fort, plus fort quand il est trop léger.

Il faut bien connaître les moyens d'arriver à ce but; de là dépend tout le succès des cultures.

Un terrain fort s'amende par l'addition de sable ; un terrain léger, par l'addition d'argile.

Mais il n'est pas toujours facile de trouver ces substances sur place ou près de la ferme. L'amendement le plus répandu et que chacun peut se procurer à peu de frais, c'est la *chaux*, dont j'ai déjà parlé. La chaux a la propriété d'activer la décomposition des débris animaux et végétaux enfouis dans la terre, d'attirer et de retenir l'humidité, enfin de séparer de l'air les éléments nécessaires à la nutrition des plantes. De plus, elle fait partie, comme je l'ai dit, de leur alimentation.

Ainsi, pour fertiliser un champ, on y répandra de la chaux : il faut seulement avoir la précaution de labourer immédiatement; sans cela la chaux s'altérerait à l'air, et ses propriétés utiles disparaîtraient.

La *marne*, qui renferme une grande proportion de chaux, s'emploie aussi comme amendement, ainsi que le *plâtre*. Ce dernier surtout produit des effets remarquables, quand il est répandu sur le trèfle, la luzerne, les pois, les fèves, les haricots, les fourrages artificiels, lorsque les feuilles commencent à pousser. Il faut choisir le moment où ces plantes sont couvertes de rosée, afin que la poussière du plâtre s'y attache.

Mais, ce qui est surtout nécessaire à une terre, qu'elle soit argileuse, sablonneuse ou calcaire, ce sont les *engrais*; car ce sont eux qui fournissent principalement les sucs que les végétaux absorbent. M. Mathieu de Dombasle, homme dont le nom et les travaux ne seront jamais oubliés par tous ceux qui cultivent la terre et vivent de ses produits, disait : « Il serait aussi possible d'entretenir des troupeaux sans leur donner à manger que de cultiver des terres sans leur rendre par des engrais les substances nutritives que leur enlèvent les récoltes de chaque année. »

Avec des engrais, il n'y a pas de mauvaises terres; sans engrais, les meilleures terres finiraient par devenir stériles.

Le cultivateur doit donc attacher la plus grande imporance à l'étude des divers engrais, à la connaissance de leurs qualités ; il doit savoir les moyens de les conserver, de les augmenter et de les employer utilement.

Vous savez déjà, mes amis, qu'on nomme *engrais* les débris animaux et végétaux décomposés qui forment l'*humus* ou terreau dont la présence dans les terres est un signe de fertilité.

Les engrais végétaux proviennent des cultures précédentes: feuilles, tiges, racines, oubliées par hasard ou à dessein, et qu'on enterre en bêchant ou en labourant. Ils proviennent également de plantes qu'on ne récolte pas et qu'on enfouit par un labour avant qu'elles soient parvenues à maturité. Les engrais végétaux sont moins actifs, mais plus durables que les fumiers animaux ; on prétend que les récoltes qui en sont nourries donnent généralement plus de paille que de grains.

Les immondices, les matières fécales de l'homme et des animaux sont dites engrais animaux ou *fumiers*.

On les dépose sur le sol et on les enterre promptement ; l'humidité aidant, ils entrent en fermentation et se pourrissent en donnant naissance, comme je l'ai déjà dit, à une matière grasse, noirâtre et sentant le moisi, qui est l'humus. Ils sont plus actifs que les engrais végétaux, mais ils ont moins de durée ; et il paraît démontré qu'ils font produire plus de grains que de paille.

On divise les fumiers en fumiers *chauds* et en fumiers *froids*. Les premiers viennent du cheval, des moutons, de la volaille, des excréments humains que l'on désinfecte par la poussière de charbon ; ils activent beaucoup la végétation, mais se dessèchent facilement. On s'en sert surtout dans les terres humides et froides.

Les engrais humains, les fientes de volaille doivent être employés en petite quantité, si l'on veut qu'ils ne fassent pas verser ou coucher les plantes.

Les matières fécales paraissent agir plus directement sur les plantes que sur le sol, et particulièrement sur le colza et les choux.

La fiente de volaile convient essentiellement à l'oignon.

Le fumier avec chiffons de laine est considéré, par quelques agronomes, comme l'engrais le plus puissant et le meilleur.

Deux voitures de compost de cette nature équivalent, disent-ils, à dix voitures de fumier ordinaire.

Les fumiers froids, qui proviennent des bœufs et des vaches, doivent être mis dans les terrains chauds et brûlants.

Le fumier de mouton est meilleur que celui de cheval et dure davantage. Les fumiers des animaux bien nourris sont préférables à ceux des animaux mal nourris ou malades.

Voici comment on doit recueillir et augmenter les fumiers. La litière des bestiaux, formée de paille, de feuilles d'arbres, de bruyères, de mousse, de genêts, etc., demande à être renouvelée souvent, dans l'intérêt de la santé des animaux. Celle qu'on retirera de l'écurie ou de l'étable, chargée d'excréments, sera jetée chaque fois dans une fosse destinée à cet usage, et là le fumier se formera par la putréfaction de toutes ces substances amoncelées. Les urines renfermant des principes fertilisants très-énergiques, il importe beaucoup de ne point les laisser perdre, comme font bien des cultivateurs; pour cela, la litière sera toujours très-épaisse, afin qu'elle puisse s'en imbiber et les retenir, ou bien une rigole disposée au milieu de l'étable les conduira au dehors dans la fosse au fumier.

Il faudra enfin pour amasser la plus grande quantité de fumier possible, nourrir toute l'année ses bestiaux à la maison.

M. de Dombasle, que je cite encore, avait calculé que, là où les bestiaux étaient nourris à la pâture pendant l'été et où la paille formait une partie considérable de la nourriture en hiver, on n'obtenait annuellement que quatre voitures de fumier par tête de gros bétail, tandis qu'on pouvait en tirer vingt et même davantage de meilleure qualité par une nourriture donnée à l'étable. Cela se comprend parfaitement; car en allant de l'étable aux champs, et pendant le pâturage, les animaux déposent la plus grande partie de leurs excréments.

On peut augmenter considérablement le fumier en y mélangeant de grandes herbes, des ajoncs, des fougères, etc., que l'on coupe le long des chemins, des haies, des fossés; mais il faut avoir soin, pour cueillir ces plantes, de choisir le commencement de la floraison, et de les enterrer promptement. Autrement, elles pourraient donner des graines en état de germer, et vos terres les féconderaient au détriment des récoltes.

QUESTIONS : Qu'est-ce qu'amender un terrain et quels sont les amendements les plus répandus et les plus usités? — Quelle est la substance la plus nécessaire pour qu'une plante se développe et prospère? — Quelle est l'opinion de M. de Dombasle relativement aux engrais? — Qu'entend-on par engrais animaux, engrais végétaux et quelle est leur valeur comparative? — Comment divise-t-on les fumiers et quels sont les meilleurs? — Comment recueille-t-on les fumiers; comment les augmente-t-on? — Quel avantage y a-t-il de nourrir les bestiaux à l'étable?

DIX-SEPTIÈME LECTURE.

Les Engrais (*Suite*).

Au lieu de jeter sur le tas de fumier les herbes, les fougères, tout ce qui ne peut servir à la nourriture ou à la litière des bestiaux, on peut en faire des *composts*. On donne ce nom à des composés de tout ce qui ne peut s'employer immédiatement comme engrais.

Pour former des composts, on ramasse les débris animaux, les chiendents et les autres mauvaises herbes, les feuilles, les pailles de maïs, les balles des céréales, les terres de mares et de fossés, les ratissures de jardin, de cours et de chemins, les balayures, etc., et on les dépose en divers lieux, à l'extrémité d'un champ, par exemple, partout où l'on peut les transporter sans frais. Quand on en a réuni quelques mètres cubes, on se procure de la chaux vive qu'on laisse à l'air jusqu'à ce qu'elle tombe en poussière ; il en faut environ un hectolitre pour trois ou quatre mètres cubes de compost à fabriquer. On forme alors un lit des matières recueillies, mélangées de terre ; sur ce lit, on met de la chaux de manière à le garnir ; puis on recouvre d'un second lit de matière, puis de chaux, et ainsi de suite, jusqu'à ce que tout soit employé. On a soin de placer au centre du tas les plantes les plus dures et les plus difficiles à pourrir. Le tas achevé, on fait avec un pieu plusieurs trous qui le traversent entièrement ; on arrose abondamment et on recouvre le tout de terre. Si par la vue d'une fumée noirâtre, on soupçonne que le feu s'y mette, il faudrait pratiquer de nouveaux trous et arroser encore.

Après huit ou quinze jours, on peut mélanger toutes les matières en plaçant toujours au milieu celles qui ne sont pas encore décomposées. Ce mélange peut se répéter une seconde fois, et, au bout de trois à quatre mois, on a un excellent engrais.

Au lieu de chaux, on peut se servir de marne, et à défaut de marne et de chaux, on peut arroser les tas avec des matières fécales liquides ou délayées avec des urines. Mais dans ce cas, les composts sont plus longs à se faire.

La suie, les chiffons, les marcs de raisins, de poires, de pommes, servent aussi d'engrais, principalement dans le jardinage ; ceux des plantes oléagineuses (dont on fait l'huile) peuvent en tenir lieu également, mais il est plus profitable de donner aux bestiaux les tourteaux qu'on en obtient.

Les animaux morts, que souvent on laisse exposés à l'extrémité des champs, le long des rivières et des ruisseaux, et qui, en se décomposant, répandent dans l'air des miasmes malfaisants et une odeur insupportable, peuvent, mêlés avec de la terre, car ils sont trop actifs pour être employés seuls, servir d'engrais. Pour cela, après les avoir coupés en morceaux, on les recouvre de chaux et de terre. On peut les découvrir après deux ou trois mois et les répandre sur les semailles.

Quand je vous ai parlé des débris animaux, je n'y

ai pas compris les os qui, calcinés et réduits en poudre, sont aussi très-utiles à la végétation. Il y a plusieurs moyens de les calciner. Le plus praticable dans vos fermes consiste à les faire sécher, puis à les placer dans le grand foyer de la cuisine : la calcination est un peu longue, mais elle se fait bien. Mêlées aux cendres de bois ou de charbon et répandues sur les terres, les cendres des os produisent d'excellents résultats.

Après avoir produit des engrais, il faut en avoir soin et savoir les employer. Ils ne sont cependant pas toujours l'objet d'une grande attention de la part de quelques cultivateurs qui les placent ou les jettent au hasard sur une surface beaucoup trop étendue pour leur épaisseur. C'est souvent dans un creux d'eau croupissante ou sur un terrain trop élevé et par conséquent privé d'humidité qu'on place le fumier.

Dans les deux cas, les eaux pluviales se mêlent au purin et entraînent avec lui une grande partie des sucs fertilisants qui sont ainsi perdus. De plus, la trop grande quantité d'eau, le peu de hauteur du tas empêchent la fermentation. Ce qu'il y a de mieux à pratiquer pour bien conserver le fumier, c'est de creuser à trente-cinq ou quarante centimètres de profondeur le terrain sur lequel on veut le transporter, et de le recouvrir de terre argileuse ou *glaise*, si l'on craint que le sol trop léger ne se laisse pénétrer par les sucs.

La surface sur laquelle se trouve le tas de fumier doit être, autant que possible, à l'ombre et inclinée, afin de donner au purin un écoulement facile vers une fosse pratiquée pour le recevoir. Ce purin servira soit à humecter le tas pendant les sécheresses, soit à arroser, mêlé d'eau environ aux deux tiers de son volume, les prairies naturelles ou artificielles.

Il serait bon aussi que la place occupée par le fumier fût entourée d'un mur fait de terre compacte. Avec ces soins, le purin ne se répandra point dans les cours, sur les chemins, et l'on conservera ce qui, dans le fumier, contient le plus de substances utiles aux plantes.

Si, durant les grandes chaleurs, le purin ne suffit pas pour arroser le tas, on y jettera un peu d'eau, après avoir eu soin de faire des trous avec un pieu, comme cela a été dit pour les composts.

On peut aussi, quand le tas est complet, le couvrir d'une couche de terre; car il importe d'arrêter une trop grande fermentation et la moisissure.

Transporté dans les champs, le fumier doit être immédiatement répandu sur le sol, ou tout au moins couvert de terre, de feuilles, de fougères, etc. Peu de temps après, il faut l'enfouir, surtout quand il fait chaud; car l'évaporation enlèverait une partie des sucs qu'il renferme.

Dans les départements où l'on élève de nombreux troupeaux de moutons, on les *parque*, c'est-à-dire qu'on les renferme la nuit en pleine campagne, dans une enceinte qu'on déplace chaque jour, et dans laquelle ils déposent leurs excréments sur le sol. Ce mode d'engrais peut être suivi pour fumer les terres éloignées de la ferme; on économise ainsi la litière et les frais de transport de l'engrais.

La quantité de fumier à employer varie selon les terres ; si elles sont compactes ou fortes, on doit les fumer moins fréquemment que si elles sont chaudes et légères. Une trop grande fumure n'a aucun inconvénient pour les plantes sarclées : pommes de terre, betteraves, etc. ; elle fait verser, au contraire, le blé et les autres céréales.

Du reste, mes amis, vos parents et vos voisins vous enseignent chaque jour, par leur exemple, comment on doit fumer la terre ; je me contenterai de vous dire que, d'après des hommes d'expérience, il faut environ quarante voitures de fumier par hectare.

QUESTIONS : Qu'endend-on par *composts*, et comment les fait-on ? — N'utilise-t-on pas, en agriculture, la suie, les chiffons, les marcs de raisins, de fruits, les tourteaux, les animaux morts, les os? — Quels soins doivent recevoir les engrais en tas, près de la ferme, sur les champs où on les a transportés? —Quelle est la quantité de fumier à employer suivant la nature des terres?

DIX-HUITIÈME LECTURE.

Les Labours et les Instruments de culture.

Pour qu'une graine germe, lève, grandisse et produise une plante vigoureuse, il ne faut pas seulement que l'air, la lumière, la chaleur ne lui manquent point, que le sol soit fertile et abondamment fumé, il faut encore que la terre soit cultivée, ameublie. Si elle restait dure et compacte, les jeunes et tendres racines ne pourraient s'y enfoncer ; l'air et la chaleur y pénétreraient difficilement, et les plantes étrangères qui épuisent le sol n'en seraient point extirpées. La terre doit donc être labourée avant les semailles, soit au moyen de la charrue, soit au moyen de la bêche.

La *charrue* et la *herse*, dont je ne veux pas entreprendre de donner la description, car vous les connaissez déjà, et vous les connaîtrez mieux encore quand vous aurez pu vous en servir, sont les principaux instruments de la grande culture.

A l'aide de la charrue, on remue la terre; on fait arriver au-dessus les parties qui se trouvaient plus bas, et l'on met au-dessous celles qui étaient à la surface.

Avec la herse, on égalise le terrain ; on enterre les grains semés, soit à la volée, soit en lignes.

La *bêche*, le *râteau* les remplacent dans la petite culture, dans les jardins. Pour la vigne, on fait usage de la *houe* et de la *pioche*.

Outre la charrue et la herse, on emploie encore, dans la grande culture, le *rouleau* qui tasse la terre sur les semences fines, dans les prés, et, au printemps, sur les blés soulevés par les gelées.

Lorsque je parlerai du jardin, je vous dirai qu'on marche légèrement ou qu'on appuie un corps plat sur les planches qui ont reçu des graines fines que le vent pourrait enlever, ou dont les racines, extrêmement ténues, ont besoin d'être rapprochées du sol pour s'y fixer.

On se sert aussi du *buttoir* qui ramène la terre autour des plantes semées en lignes, telles que le maïs, les pommes de terre, etc.; on fait également cette opération à la pioche, mais elle demande alors plus de temps.

La *houe à cheval*, *l'extirpateur* sont employés dans la grande culture pour donner une façon aux semis en lignes et les nettoyer des mauvaises herbes. Dans la petite culture, c'est la *houe à main* qui en tient lieu ; dans les jardins, la *binette* ou *serfouette* fait les sarclages et les cultures superficielles demandant des précautions.

Pour semer ou repiquer en lignes, principalement dans les jardins, on se sert du *cordeau*. Dans la grande culture, on a pour cet usage les *rayonneurs*, les *semoirs*.

Des *fourches*, des *brouettes* et d'autres instruments de transport sont nécessaires dans les différentes cultures : chacun connaît leur emploi.

Certains semoirs, les *faucheuses*, les *faneuses*, les *machines à battre*, sont, en général, des instruments d'un prix élevé, et la plupart des cultivateurs ne peuvent s'en procurer ; mais ne pourraient-ils pas se réunir pour en faire l'acquisition ? Les communes riches n'utiliseraient-elles pas leurs ressources de la manière la plus profitable aux intérêts de tous en votant en tout ou en partie les sommes qui seraient nécessaires ?

J'aurai occasion de revenir sur tous ces instruments en parlant des cultures spéciales ; je ne fais donc que les indiquer ici, et je passe à la question des labours.

En labourant la terre, je le répète, on a pour but de lui donner la faculté de se laisser pénétrer facilement par l'air, par l'eau, par la chaleur ; de rendre meuble sa partie végétale, et de la nettoyer des mauvaises herbes annuelles ou vivaces dont elle peut être infestée.

Choisissez pour bêcher ou pour labourer à la charrue le moment où la terre n'est ni trop sèche ni trop humide ; choisissez surtout l'automne. Labourez, bêchez plutôt deux fois qu'une, comme dit La Fontaine dans sa fable :

> « Remuez votre champ dès qu'on aura fait l'août;
> » Creusez, fouillez, bêchez, ne laissez nulle place
> » Où la main ne passe et repasse. »

Néanmoins, si le sol est granitique ou calcaire, crayeux et peu profond, ou si, dans la plaine, il est sablonneux comme dans un ancien lit de rivière, labourez par un temps humide, et même durant la pluie. Mais gardez-vous d'y mettre le fer par un temps sec, si ce n'est pour un binage très-superficiel exécuté dans le but de faire de la poussière autour des récoltes dont il est garni.

Profitez de tous les beaux jours où d'autres travaux plus urgents ne vous retiennent pas. Ne craignez pas de faire les labours un peu profonds; il y a toujours avantage à agir ainsi : en entamant le sous-sol, on augmente la couche végétale.

Enterrez les mauvaises herbes avant qu'elles viennent en graines ; sarclez, binez votre terrain dès que vous en voyez paraître.

Un labour parfait à la charrue est celui qui se rapproche le plus du travail fait à bras, avec la bêche ou la houe. La bêche retourne complétement la terre ; elle enterre à chaque coup la partie qui était à la surface. Une bonne charrue doit remplir ces conditions, retourner aussi la tranche de terre, et tenir de plus dégagé le fond de la raie.

Enfin, mes amis, faites choix de bons instruments; ils se multiplient aujourd'hui plus que jamais : ne craignez pas de vous imposer quelques sacrifices pour acquérir les meilleurs possibles.

Je ne terminerai pas cette lecture sans vous dire un mot des défrichements et des assainissements.

Défricher une terre, c'est la débarrasser des végétaux inutiles et des obstacles qui s'opposent à sa culture.

Une terre est couverte de bois, de broussailles, de vignes, renferme de nombreux cailloux, et l'on voudrait la cultiver; on la défriche, c'est-à-dire qu'on fait disparaître les bois, les vignes, et tout ce qui empêchait qu'on y semât des récoltes.

Assainir une terre, c'est faire écouler les eaux stagnantes qui la rendaient trop humide.

On assainit la terre de deux manières : par des fossés d'écoulement, ou par le *drainage*.

Les fossés d'écoulement sont des tranchées plus ou moins grandes qu'on remplit de pierres, de fagots pouvant laisser facilement passer l'eau, et qu'on recouvre de terre. On les dispose en pente, et on les fait aboutir à un ruisseau ou à des citernes où l'eau se perd dans le sol.

Le drainage, qu'on a beaucoup perfectionné dans ces derniers temps, consiste en un système de tuyaux de terre cuite, longs de 30 à 40 centimètres, placés bout à bout à une profondeur d'environ 60 centimètres, et formant ainsi sous la terre un réseau qui aboutit, comme les fossés d'écoulement, à un cours d'eau ou à des puits perdus. L'eau surabondante que renferme le sol pénètre dans ces tuyaux par les joints, et, emportée par eux au loin, ne nuit pas aux récoltes.

Il faut employer, mes amis, ces procédés toutes les fois que vos terres en auront besoin ; si vous dépensez quelques sommes pour cet usage, soyez sûrs que vous placez votre argent à gros intérêts.

Je m'aperçois, en terminant, que je n'ai pas parlé de l'*écobuage*, opération qui consiste à écroûter la surface du sol et à brûler sur place les tranches de gazon ainsi enlevées. L'écobuage est éminemment utile dans toute terre tenace ; il rend les substances organiques renfermées dans le sol immédiatement propres à la végétation.

QUESTIONS : Suffit-il, pour qu'une terre puisse produire, qu'elle renferme les éléments dont on a parlé? — Quels sont les principaux instruments de la culture? à quoi servent les *charrues*, les *herses*, les *bêches*, les *râteaux*, les *houes* à main ou à cheval, les *buttoirs*, les *extirpateurs*, les *cordeaux*, les *rayonneurs*, etc.? — Quels moyens pourrait-on adopter pour acquérir certains instruments de grande culture, comme les *semoirs*, les *faucheuses*, les *faneuses*, les *machines à battre*? — Quand convient-il de labourer, et qu'entend-on par labour parfait? — Le choix des instruments est-il indifférent? — Qu'entend-on par *défrichement*; par *assainissement*; par *drainage*? — Qu'entend-on par *écobuage*?

TROISIÈME PARTIE.

HORTICULTURE

DIX-NEUVIÈME LECTURE.

LE JARDIN.

NOTIONS GÉNÉRALES.

Maintenant, mes amis, je vais passer en revue les travaux que vous aurez à faire à chaque saison de l'année : je commencerai par ceux du *jardin*.

Je vous engage fortement à mettre tous vos soins dans sa culture ; car, sans être fatigante, elle est minutieuse et exige beaucoup de patience et d'habileté. Si d'ailleurs vous y consacrez du temps et de l'argent, ce temps, cet argent ne seront point perdus ; les ressources qu'on tire d'un jardin bien entretenu sont immenses, et récompensent amplement son propriétaire de ses efforts et de ses frais.

Si l'agriculture, en effet, donne le pain, la viande, les vêtements, l'horticulture fournit les légumes, les fruits de toute sorte que consomment presque exclusivement les classes pauvres. Ces produits du jardinage, toujours abondants quand les soins intelligents ne font point défaut, sont d'une immense utilité dans les années de disette où les récoltes de grande culture ont manqué. Outre que leur vente rapporte toujours beaucoup au fermier, ils sauvent le pays de la famine en offrant aux malheureux une nourriture saine et relativement peu coûteuse.

Aujourd'hui surtout, on comprend tous les services que peut rendre l'horticulture, et l'on encourage son développement.

De même que, comme je l'ai dit plus haut, des sociétés sont établies pour le perfectionnement de l'agriculture, de même il s'en est formé dans presque tous les départements pour l'amélioration du jardinage. Un grand nombre de villes ont des jardins modèles où l'on cultive les beaux légumes, les fruits les plus variés et les plus savoureux ; on cherche à propager partout les meilleures variétés de produits et les méthodes de culture les plus avantageuses.

Que, dans les campagnes, chaque fermier réponde donc, par ses efforts, aux encouragements qui lui viennent de toutes parts ; qu'il tâche de perfectionner le jardinage, d'améliorer ses produits : il rendra service à ses semblables, tout en servant ses intérêts. Les frais, d'ailleurs, ne sont pas considérables pour l'établissement d'un jardin : quelques ares de terre suffisent, pourvu qu'ils soient bien disposés et bien cultivés. La culture encore en est facile ; elle exige plus de soins, plus de sagacité peut-être que celle des champs, mais elle est moins pénible, plus variée, moins monotone, et les enfants peuvent en grande partie s'en charger. C'est le travail le plus approprié à leur âge, à leur intelligence, et qui les prépare le mieux à celui de l'agriculture.

On puise, du reste, dans les soins du jardin, un esprit d'ordre qui ne peut qu'être profitable plus tard.

Occupez-vous donc surtout, mes amis, du jardinage ; quand vous rentrez de l'école, durant vos récréations, arrosez les semis, nettoyez les plates-bandes, récoltez les graines ; vous serez heureux de voir germer et croître ce que vous aurez planté, de voir se développer à vos yeux les fleurs et les fruits, et vous exercerez, en jouant, vos forces pour des travaux plus rudes.

QUESTIONS : Pourquoi les enfants doivent-ils s'occuper du jardin de la ferme? — Quelles ressources les familles et les populations trouvent-elles dans le jardinage ? — L'horticulture n'a-t-elle pas aussi fait des progrès?

VINGTIÈME LECTURE.

Notions générales. (*Suite.*)

L'exposition du midi est celle qui convient le mieux pour un jardin. Plus le sol qu'on lui destine est régulier, plus il est facile de le tracer. C'est ici, mes amis, que vos connaissances en géométrie et en dessin vous serviront. Sa surface sera sans doute limitée par un mur ou par une haie : tout autour de la muraille ou de la haie, vous laisserez un plate-bande d'un mètre environ ; après la plate-bande se trouvera une allée de 40 à 50 centimètres. Le reste du terrain sera divisé en 4, 8 ou 16 parties égales, qui elles-mêmes formeront des planches de 1m20 ou 1m30 de largeur et d'une longueur indéterminée. Chaque grande partie sera séparée des autres par des allées de 35 à 40 centimètres, et chaque planche par des passages de 30 à 35 centimètres. Ces allées et ces passages facilitent les travaux de culture, de semis, d'arrosage, etc. Le long de toutes ces allées, vous planterez l'oseille, la cive, l'échalotte, le fraisier ; vous y repiquerez aussi de l'oignon, de la salade, et même des fleurs. Vos allées seront couvertes de pierrailles, de sable ou de débris de démolitions, et vous aurez soin de n'y jamais laisser pousser l'herbe.

S'il vous est possible de faire arriver dans votre jardin l'eau des toits des bâtiments ou celle d'un ruisseau, creusez un bassin pour les recevoir, autant que possible au centre de votre terrain. L'eau est indispensable pour faire croître les légumes ; ils souffrent beaucoup plus de la sécheresse que les plantes de grande culture.

Quand vous arrosez vos plates-bandes, que ce soit en jetant peu d'eau d'abord, et en revenant plusieurs fois sur la partie mouillée en premier lieu. Cet arrosage se fait avec la *pomme*, en général ; on ne se sert de la *gueule* que pour les choux repiqués, les plançons, les salades. Plus l'eau tombe de haut et par ondée, mieux il vaut : « Dieu fait bien ce qu'il fait ! » Imitez-le.

N'arrosez pas avec de l'eau de puits sans l'avoir laissée dégourdir à l'air ou au soleil. Autrement elle serait trop froide et nuirait à la végétation.

Il est bon de mélanger des matières fécales à l'eau quand on arrose les légumes ; mais alors, pour les laver, on les arrose une seconde fois avec de l'eau claire.

La première opération à entreprendre dans un jardin qu'on crée, c'est un défoncement, c'est-à-dire un premier labour à la bêche, de 40 à 45 centimètres de profondeur. On fait ensuite un second labour qui mêle toutes les parties du sol et du sous-sol, si les substances qu'il contient peuvent améliorer la terre végétale, puis un troisième, en enterrant le fumier.

Le terrain ainsi préparé recevra un bon coup de râteau qui écrasera les mottes et n'en laissera aucune sans qu'elle soit bien divisée. S'il fait chaud, passez le râteau aussitôt le labour fait, avant que la terre se soit desséchée; et si les mottes sont trop grosses, brisez-les d'abord avec une fourche.

Vous confiez à la terre des graines délicates : préparez-la bien, facilitez l'introduction de l'air, de la chaleur, de la lumière ; facilitez aux tendres racines un chemin à travers le sol. Un binage, surtout quand les chaleurs ne sont pas trop grandes, vaut un arrosage; avant la pluie, il facilite l'entrée de l'eau dans le sol.

Quand vous semez vos graines, mêlez-les avec un peu de terre avant de les répandre ; enterrez-les d'un coup de râteau; puis, comme je l'ai déjà dit, piétinez vos planches en marchant dessus à petits pas, de manière à affaisser également tout le terrain.

Au printemps, pour abriter les semis contre les gelées tardives, et en été, pour que les rayons d'un soleil trop ardent ne les brûlent pas, couvrez-les de fumier pailleux, de feuilles sèches, de balle de céréales, etc.

Le choix des graines est très-important ; elles ne germent pas quand elles n'ont pas été récoltées bien mûres, quand on n'a pas eu soin de les conserver dans un lieu privé d'air, ni trop chaud ni trop froid.

Il est une manière bien simple d'essayer les graines soit de jardin, soit de grande culture. On les plonge dans de l'eau ; celles qui surnagent ne valent rien, celles qui vont au fond sont bonnes. Voici un autre procédé, meilleur encore, dû à M. de Dombasle :

On met au fond d'une soucoupe deux morceaux de drap assez épais et mouillés. On répand dessus les graines à essayer de façon qu'elles ne se touchent pas les unes les autres, et on les recouvre avec un troisième morceau de drap semblable aux premiers et humecté de même. La soucoupe est portée dans un lieu modérément échauffé, sur la tablette d'une cheminée, par exemple, ou dans le voisinage d'un poêle. Lorsqu'on voit, les jours suivants, l'étoffe supérieure commencer à se dessécher, on verse un peu d'eau par-dessus, de manière à humecter les trois morceaux de drap. Mais comme les graines pourriraient si elles étaient plongées dans l'eau, on fait sortir celle qui n'a pas été absorbée par le drap. Au bout de quelques jours, les mauvaises graines se couvrent de moisissures, les bonnes, au contraire, germent.

Mais le meilleur moyen pour avoir des graines sûres, c'est de les récolter soi-même. Pour cela, dans un angle du jardin, au bout d'une plate-bande, vous déposerez vos porte-graines, épinards, salades, choux, etc. Avant de cueillir les graines, vous attendrez qu'elles soient mûres, vous les laisserez sécher, exposées au soleil ; puis vous les déposerez dans une boîte ou dans des sacs de papier, dans une chambre, dans un cellier où il ne gèle pas.

Vous savez que les carottes, les betteraves, les

navets, les oignons, les poireaux, etc., ne donnent des graines que la seconde année; vous remettrez donc en terre, au printemps, ceux de ces légumes sur lesquels vous comptez pour vos semences de l'année suivante.

Je termine ce chapitre, mes amis, en vous recommandant encore de n'épargner pour votre jardin ni labours, ni fumures, ni arrosages; plus vous apporterez de soin à sa culture, plus ses produits seront beaux et vous récompenseront largement de vos peines.

QUESTIONS : Quelle est l'exposition la plus convenable pour un jardin? — Quelle doit être sa disposition? — Quelles plantes utiles doit-on placer autour des allées ? — Quels soins doit-on prendre des allées? — Comment se procure-t-on l'eau nécessaire aux arrosages et comment arrose-t-on? — Quelle opération doit subir le terrain d'un jardin qu'on crée? — Quelles précautions doit-on prendre pour les graines délicates, lors des semis, après les semis et surtout au printemps? — Comment choisit-on ses graines? — N'y a-t-il pas avantage à les recueillir soi-même, et comment procède-t-on pour en obtenir?

VINGT ET UNIÈME LECTURE.

Travaux des mois de Janvier et de Février.

Un jardin peut donner deux, trois et même quatre récoltes dans une année, s'il est bien travaillé et bien fumé; mais ces récoltes doivent se succéder avec un certain ordre. L'une d'elles va-t-elle chercher sa nourriture loin de la surface du sol, remplacez-la par une autre dont les racines s'enfoncent peu, et réciproquement. Ne semez que ce qui pourra être consommé par vous, ou vendu ; choisissez bien le moment de faire vos plantations, et vous aurez en toute saison des produits abondants et variés.

Pour mieux vous guider dans vos travaux, et pour que vos recherches soient plus faciles, je vais, mes amis, suivre l'ordre des mois et des saisons : dès que le nom d'un végétal se présentera à nous, je vous dirai, d'après les bons auteurs, et aussi avec le peu d'expérience que j'ai acquise, les soins dont il doit être entouré jusqu'à son parfait développement.

Dans nos climats, le mois de *janvier* est le mois du repos pour la terre : la végétation y reste stationnaire. Néanmoins, si le temps le permet, on peut transporter les engrais, faire des labours, planter les arbres, les tailler, quoiqu'il vaille peut-être mieux attendre février et mars ; si le temps est mauvais, on doit réparer ses outils, tresser les paillassons, surveiller la serre, si l'on en possède une. A ce propos, voici le moyen de construire à peu de frais, non pas une serre, les riches jardiniers ou amateurs peuvent seuls en avoir une, mais ce qu'on appelle une *couche*. C'est un amas de fumier, couvert d'un peu de terre végétale, protégé ou non d'un châssis vitré, où l'on cultive des *primeurs* (fruits, fleurs ou légumes précoces), et les graines destinées au repiquage.

Pour construire une couche, on choisit avant tout une belle exposition ; on détermine ensuite sur le terrain, au moyen de piquets, une surface rectangulaire, d'environ un mètre ou un mètre et demi de large, et d'une longueur indéterminée. On y entasse par couches régulières un mélange de fumier *vieux* et de fumier *neuf* (sorti depuis peu des étables), jusqu'à une hauteur de 40 à 60 centimètres. On arrose si le tas est trop sec, et on piétine pour que la chaleur et la fermentation soient uniformes dans toute la masse ; on recouvre d'une couche de terreau de 16 à 20 centimètres, puis on sème. Je rappellerai ici que le *terreau* est un fumier consommé, mélangé de débris végétaux et de terre.

Si la couche est découverte, on étend sur les semis une couche de fumier pailleux, jusqu'à ce qu'ils aient pris un certain développement et que les gelées ne soient plus à craindre. Si, au contraire, on a pu l'encaisser, c'est-à-dire l'entourer de planches et la couvrir de châssis vitrés, on n'ouvre ces châssis que quand il fait soleil ; et pendant la nuit, s'il gèle fort, on étend dessus des paillassons ou de la paille.

En *février*, si la saison est favorable, le jardin réclamera déjà un peu plus de soin qu'en janvier.

On peut semer des pois, des fèves, des oignons, des radis, des épinards, de l'oseille, quoiqu'il vaille mieux reproduire l'oseille par éclats de pieds.

Les *pois* se sèment en lignes, de 25 à 30 centimètres de distance, autant que possible au midi et dans un sol sec. On jette deux ou trois grains dans la raie, ou dans des trous, à une distance de 25 à 30 centimètres.

Cependant, si le terrain est chargé de limaçons, il vaut mieux les semer sans raies et au plantoir.

On les rame de deux en deux, ou de quatre en quatre, quand ils commencent à pousser des fils, et après un binage. Les rames seront branchues et proportionnées à la hauteur de l'espèce. Afin de faciliter l'action de l'air, on éloignera les unes des autres les planches de pois, de haricots et des autres végétaux touffus.

Le petit *oignon blanc*, qu'on ne repique pas, se sème de février en juin.

L'*oignon rouge*, qu'on repique en avril, se sème au printemps et en septembre. Pour hâter sa maturité, on abat les feuilles avec le dos d'un râteau. Quand il est mûr, on l'arrache; on le fait sécher sur place, ou dans les allées s'il fait beau, et à couvert s'il fait humide. Dès qu'il est sec, on le met à l'abri des gelées. On prend la même précaution pour tous les oignons.

Les *radis* se sèment sur couche, ou en pleine terre, à l'exposition du midi. On peut en avoir de février en septembre, en semant tous les huit jours. On mêle à leur graine des graines de laitue pour les repiquer ensuite. Le radis veut une terre bien labourée, bien divisée et bien hersée. On piétine après le coup de râteau, et on couvre de fumier pailleux. On agit ainsi d'ailleurs pour les oignons, les carottes et les épinards. On arrose fréquemment, mais légèrement, les radis, non seulement dans le but de favoriser leur développement, mais encore pour détruire les pucerons qui les dévorent. On les arrose le soir ou le matin, pendant les grandes chaleurs. En février, cette opération se fait de dix heures à midi. Vint-cinq jours suffisent pour qu'ils soient bons à manger.

Le radis ne se repique que s'il est porte-graines.

La *carotte* peut se semer depuis janvier jusqu'en

août. Sa graine se mêle aussi avec celles de la laitue et des radis, qui poussent beaucoup plus vite. On consomme les radis, on repique les laitues.

En février, couvrez les carottes de fumier; arrosez souvent et beaucoup.

Chaque année, je plante en février des *pommes de terre* printanières ou hâtives, et je réussis à en récolter promptement. Voici mon procédé : sur un terrain bien sec, mais non gelé, je mets, à une distance de 35 à 40 centimètres, des tubercules ou des morceaux de tubercules ; au-dessus de chacun d'eux, une certaine quantité de terre, puis un peu de fumier, et enfin de la terre, de manière que le tout forme une butte de 35 à 40 centimètres de hauteur.

Cette méthode n'exige après cela aucune façon, et on récolte de bonne heure de beaux et riches produits.

La *ciboule* se met ordinairement en bordure, en février, pour être récoltée en juillet.

Les *épinards à graines piquantes* se sèment, soit en lignes, soit à la volée, de février en mai ; les *épinards à graines rondes*, du 20 au 30 août. Du mois de mai au mois d'août, ils montent sans se développer. Les derniers semés passent l'hiver sans se geler. Après les avoir coupés plusieurs fois, on les laisse monter pour en récolter la graine, qui est bonne encore après trois ans, comme celle de l'oignon. Le terrain destiné à la graine d'épinards n'a pas besoin d'un labour profond, car sa racine aime la terre ferme; elle s'enterre avec une fourche plutôt qu'avec un râteau.

On plombe ou on piétine, et l'on couvre d'un paillis très-court.

Je veux encore, mes amis, avant d'aller plus loin, vous expliquer le mot *éclaircir*, souvent employé par les jardiniers.

Quand on sème, surtout au printemps, on confie généralement à la terre beaucoup plus de graines qu'il n'est nécessaire, de crainte que toutes ne viennent pas bien. Si donc les semis, une fois levés, sont trop touffus, pour les motifs que j'ai développés plus haut, on *éclaircit*, c'est-à-dire qu'on arrache çà et là quelques plantes pour que les autres ne soient point gênées.

QUESTIONS : Comment doivent se succéder les récoltes dans un jardin ? — Quels sont les travaux du mois de *janvier* ? — Comment établit-on une *couche* ? — Comment se sèment les pois, les oignons, les radis, les carottes, les ciboules, les épinards, etc. ? — Ne peut-on pas planter des pommes de terre en février, et quelles sont les précautions à prendre ?—Qu'entend-on par éclaircir une récolte ?

VINGT-DEUXIÈME LECTURE.

Travaux des mois de Mars et d'Avril.

En *mars*, quand les gelées sont peu à craindre, je mets en place les fraisiers, ainsi que quelques plantes d'agrément, comme les renoncules, les anémones, etc. ; je sème l'immortelle, le pavot, etc.

Mon jardin est alors occupé par toutes sortes de légumes, par les pommes de terre printanières (les autres sont destinées à la grande culture), par les aulx, les échalottes, par les choux de Milan, qu'on peut semer également en avril et à la fin de juillet.

Comme la graine de ce chou dégénère facilement, je choisis les pieds les plus francs pour porte-graines.

La même précaution est à prendre avec le chou frisé.

Si je veux récolter des *tomates* ou *pommes d'amour*, j'en sème à la fin de ce mois, et je les repique, quand il est temps, à 50 centimètres de distance, en ne les arrosant que peu avant la venue des fruits. Je les cueillerai en juin.

Vous savez, mes amis, ce qu'on entend par le mot *repiquer*: c'est prendre dans un semis de fleurs ou de légumes ceux qui sont assez développés, pour les planter à la place qu'ils doivent occuper définitivement.

On repique en enfonçant les *plançons* dans la terre jusqu'au collet, et on a soin de rapprocher la terre de la racine, afin que la plante se fixe bien et puisse facilement se nourrir.

Au mois de mars donc, je repique les oignons semés avant l'hiver, les laitues. C'est alors aussi que je mets aux endroits désignés plus haut les oignons, les carottes, les navets, les betteraves, les choux, le céleri, dont je veux avoir des graines.

Si j'arrose, je ne le fais pas le soir ni le matin, comme cela aura lieu dans les mois suivants, mais de dix heures à deux heures, au plus tard. Autrement, les petites gelées pourraient nuire à mes récoltes.

Je fume mes *asperges*, et je les laboure avec une fourche ou bêche à trois dents longues et plates, en prenant des précautions pour ne pas attaquer les griffes, tout en faisant disparaître les mauvaises herbes.

L'asperge étant d'un bon produit, surtout par la vente, quand on habite près d'une ville, je vais, mes amis, vous en parler un peu longuement.

Elle se multiplie soit par graines, soit par *griffes* ou *pattes*.

Si l'on sème des graines, c'est le mois de mars qu'on choisit; après avoir bien labouré et bien hersé avec le râteau, on recouvre la planche de trois centimètres de terreau.

Au mois de mars suivant, on a des pattes qu'on met en place dans des fosses creusées avant l'hiver, autant que possible. Ces fosses ont ordinairement 40 centimètres de largeur, et autant de profondeur; on laisse entre deux rangs une distance d'un mètre vingt centimètres environ.

On dispose au fond de la fosse 25 centimètres de fumier de vache, puis 8 centimètres de bonne terre, qu'on tasse, et sur laquelle on passe le râteau. On met enfin les griffes, et on recouvre de terre sans niveler le terrain provenant du défoncement, et qu'on dépose à droite des rangs de griffes. On peut attendre une ou deux années avant de faire ce nivellement.

Il est néanmoins avantageux de transplanter l'asperge avant l'hiver. Le choix des griffes est aussi fort important. Rejetez celles dont les racines sont minces, longues et chevelues.

J'ai employé une autre méthode, et elle m'a parfaitement réussi.

Au fond des fosses, j'ai mis 15 à 20 centimètres de boue des rues, puis quelques centimètres de sable fin, sur lequel j'ai déposé mes griffes, à 35 centimètres les unes des autres. Sur les griffes j'ai mis du fumier des rues, puis de la terre. Je n'ai employé chaque année que le même engrais et des cendres, en abattant un peu de la terre des talus, de manière que le nivellement a été fait après la quatrième année, époque à laquelle j'ai seulement coupé les asperges, quoique certains jardiniers coupent les plus belles après la troisième année. Durant mes récoltes, et pour ménager mes pattes, je laisse les pousses les plus faibles, et je cesse de cueillir après la première quinzaine de juin. J'utilise les talus, en les fumant un peu, pour repiquer des choux, de la salade, et mes porte-graines.

Les asperges sont souvent attaquées par le ver blanc, par les courtillières qui coupent les griffes, et par un insecte rouge qui ronge les pousses.

Le ver blanc ne se détruit que par des labours, ou par des fouilles autour des plantes dont il a mangé la racine.

La présence de la courtillière, qui nuit également à beaucoup de légumes, et principalement aux laitues, aux romaines, se reconnaît à ce que les plantes atteintes par elle se fanent et périssent.

Avec d'autres excellents conseils que je me suis fait une loi de suivre, j'ai reçu de l'un des praticiens les plus expérimentés et les plus éclairés de notre époque la note suivante sur un moyen sûr de détruire les courtillières:

« Les *courtillières*, dit le vénérable M. Jard, doivent être détruites tant pour la sûreté des productions que pour la satisfaction du jardinier. Mars, avril, mai et juin sont les époques les plus favorables pour atteindre le but proposé. Durant ces quatre mois, la présence de l'insecte est presque toujours trahie. A la suite de la pluie surtout, visitez le terrain infesté par elles; les galeries qu'elles pratiquent sous la surface du sol indiquent leur retraite. Point de retard alors pour la chasse d'extermination de l'espèce maudite ! A l'aide d'une petite pelle étroite, tranchante et bien propre, on découvre tous les espaces sillonnés, et l'on finit par trouver à travers ce labyrinthe superficiel un ou deux trous creusés perpendiculairement à la profondeur de 50 à 80 centimètres. On s'assure, en employant l'index, de la perpendicularité. Si elle n'est qu'apparente, on pousse l'investigation jusqu'à ce qu'il ne reste plus de doute sur la découverte du refuge du malfaiteur. Alors on en dégage, avec le doigt, le terrain adjacent; on affermit les bords de l'ouverture, et l'on place à l'orifice la canule d'un petit entonnoir. On verse de l'eau dans l'entonnoir jusqu'à ce qu'il en paraisse au-dessus ou plutôt au niveau du terrain. A peine l'eau disparaît-elle, qu'il convient de faire couler, par le canal, la moitié d'une cuillerée à café d'huile ou même de crasse d'huile, qui se précipite au fond à l'aide de l'addition d'un peu d'eau versée par-dessus avec la même précaution qu'au début. L'huile, qui surnage, enveloppe l'insecte dès que l'eau s'est infiltrée dans le terrain ; les organes respiratoires de l'ennemi sont fermés par le corps gras. Il étouffe au fond de son repaire s'il entend du bruit. Mais, si le chasseur garde le silence et l'immobilité, il voit bientôt sa proie remonter, sortir et mourir à quelques centimètres de sa retraite. »

« Voilà des détails bien minutieux, ajoute M. Jard, sur un fétu. On tiendrait bien certainement un autre langage si l'on se donnait la peine d'observer les dégâts causés par la courtillière. J'ai vu chez moi, il y a près d'un demi-siècle (et je me le rappelle pourtant comme si le délit ne datait que d'hier), j'ai vu une planche entière de melons, à l'époque de la maturité, dévorée en une semaine.

» L'art de détruire la courtillière se perfectionne par la pratique. Si, aujourd'hui, j'étais réduit à la nécessité de combattre l'insecte par milliers, comme autrefois, je suis bien persuadé que deux ans de surveillance, au lieu de quatre que j'y ai consacrés, me suffiraient pour le triomphe le plus complet.

» Depuis l'époque citée plus haut (50 ans), il m'est arrivé de reconnaître quelques courtillières échappées sans doute du voisinage et dont justice a été faite brusquement ; mais, à ma grande satisfaction, il n'en reparaît plus chez moi depuis plus d'un quart de siècle. »

Quant aux insectes qui vivent sur les pousses des asperges, et de tout autre végétal, ils doivent être enlevés avec le plus grand soin, au moyen d'une petite palette de bois.

Au mois *d'avril*, plus encore qu'au mois de mars, mon jardin présente l'aspect le plus varié. Mes plançons de laitue, de romaines se succèdent, car j'ai soin d'en avoir toute l'année de prêts à mettre en place. Je continue à semer des pois, des épinards, des panais, des choux de Milan et des choux verts.

Dans le voisinage de la maison, le long d'un mur pour ne pas perdre de terrain et avoir sous la main les produits, je dépose des graines de persil, de cerfeuil, de pimprenelle, que j'ai soin de bien arroser.

Les racines de panais étant grosses et les feuilles larges, je sème clair, j'enterre à la fourche, je plombe, et comme la graine met longtemps à lever, j'y mêle celles de radis, d'épinards, ou je repique par-dessus la laitue, la romaine, etc.

C'est aussi à la fin d'avril que je sème les scorsonères et les salsifis, plantes bis ou trisannuelles. J'ai labouré auparavant très-profondément, car leurs racines s'enfoncent loin dans la terre; j'enterre les graines à la fourche, si je ne les mets pas en lignes, et je les couvre de terreau. Je puis jeter aussi par-dessus des graines de laitue, de radis.

D'avril en août, je puis encore semer l'oseille en bordures. Quand elles ont poussé, je coupe les premières feuilles à deux centimètres au-dessus du sol. La deuxième cueillette se fait à la main, et l'on ménage les petites feuilles du cœur.

Si je veux récolter des *potirons* ou *citrouilles*, je place les graines au bout d'une couche, ou sur tout autre dépôt de fumier. Après un mois, mes plants sont bons à être déposés dans des trous de 1 mètre de large environ et de 50 centimètres de profondeur, où j'ai mis du fumier que j'ai bien tassé et recouvert de terre.

Mon jardin réclame déjà pendant le mois d'avril de grands soins de propreté, des binages multipliés. On fait ces binages en ménageant les pieds des récoltes.

QUESTIONS : Quels sont les travaux de *mars*? Expliquez le mot *repiquer*? — Quels soins réclament les asperges et comment les multiplie-t-on ? — Comment détruit-on les insectes qui leur font la guerre ? Quels soins généraux réclame le jardin à cette époque?

VINGT-TROISIÈME LECTURE.
Travaux des mois de Mai et de Juin.

Si les gelées ne sont plus à craindre, j'ai déjà fin avril semé des haricots dans mon jardin; sinon, j'attends le commencement de *mai*. Je choisis des variétés productives, comme le *Soissons* qui se rame, le *flageolet*, et les autres haricots nains très-connus.

Le *haricot* est une des meilleures ressources pour l'alimentation d'une famille; ne négligez donc rien, mes amis, pour en avoir une grande provision, et, quand le jardin ne vous suffit pas pour sa culture, semez-le au dehors, dans un champ, dans une vigne surtout où des ceps manquent, partout enfin où vous aurez une place vide. Donnez un coup de pioche, faites un trou, jetez-y quelques grains, et vous aurez en abondance des haricots verts et secs.

Il faut néanmoins choisir un terrain qui ne soit pas trop humide, si l'on ne veut pas voir les haricots pourrir au lieu de germer. On les met en lignes dans les terres fortes, et en touffes dans les terres légères. En lignes, vous suivrez, pour ramer, les indications données plus haut à l'occasion des pois : les rames droites, sans branches, suffisent. Quand on sème en touffes, on choisit le haricot nain, et on jette cinq ou six grains dans le même trou.

Les haricots ont besoin de soins nombreux. Si, quand ils commencent à lever, la terre se crasse ou se tasse par la pluie, il faut la gratter légèrement afin que le germe puisse sortir. Arrosez fréquemment le haricot, surtout quand vous voulez récolter en vert.

Outre les haricots, vous sèmerez encore des pois, des carottes, des épinards, des choux, des raves et des radis.

Vous pourrez aussi cultiver le *melon*, qui, après avoir poussé sur couche, se repique en pleine terre.

Le *cornichon*, semé aussi sur couche, est ensuite repiqué et arrosé avec soin, après avoir été recouvert d'un peu de litière. Lorsqu'il est bien repris, on l'étête au-dessus de la troisième feuille. La récolte se fait depuis le commencement d'août jusqu'à la fin de septembre. Toutes les ménagères savent comment on le conserve dans le vinaigre, et de quelles précautions préalables il doit être l'objet.

Dans le commencement de mai, et généralement toute l'année, on sème les *choux-fleurs* en pleine terre. Lorsqu'ils ont deux feuilles, on les repique à 65 centimètres de distance, en les enfonçant jusqu'aux feuilles, et on a pour eux tous les soins exigés pour les choux, soins que j'indiquerai dans une lecture suivante.

Je ne dois pas oublier de recommander d'arroser beaucoup, mais de cesser l'arrosage quand la plante devient mousseuse ou poudreuse comme une étoffe de drap.

Enfin, le *céleri* se sème aussi au mois de mai, sur couche. Quand il a pris un certain développement, on le transplante une première fois en plaçant les pieds à 10 ou 12 centimètres de distance, puis une seconde à 20 centimètres. Le céleri aime une terre neuve et défoncée. Dans celles qui sont légères et sèches, on le butte. On a soin, dès qu'il a 40 à 45 centimètres de haut, de couper l'extrémité des feuilles non enterrées, et il blanchit très-rapidement.

On peut semer en *juin* toutes les plantes indiquées pour le mois de mai, et, de plus, les navets et les haricots qui seront consommés en automne. On repique les laitues, les choux, le céleri, les oignons, le poireau semé en mars. Pour récolter des poireaux en juin, on les sème fin décembre, et on les repique en mars.

Les poireaux et les oignons se placeront à 10 ou 15 centimètres de distance; on a soin auparavant de couper l'extrémité des racines et des tiges.

Le *chou* est un des légumes les plus précieux pour la ferme; il vient à peu près dans tous les terrains, cependant il préfère un sol riche et bien fumé. On sème en pépinière dans une bonne exposition, et on a soin, pour les préserver des puces de terre, qui en sont friandes, de répandre des cendres sur les jeunes plants, dès que les premières feuilles se montrent. On les éclaircit ensuite pour qu'ils deviennent plus gros et moins allongés. Quand ils ont atteint 15 à 20 centimètres, on les repique à 40 ou 50 centimètres les uns des autres, selon les variétés et le degré de développement. On arrose aussitôt après, puis fréquemment quand ils paraissent souffrir. Lorsqu'ils sont devenus forts, il est bon de les butter légèrement.

Les choux *cabus* se sèment en diverses saisons, mais surtout en automne ; ceux d'*York*, dans les premiers jours de septembre, afin qu'on puisse les repiquer en automne pour les récolter en avril. Il faut, en les arrachant pour les mettre définitivement en place, bien ménager les racines. Ils ne réclament aucun soin pendant l'hiver ; on les bine en mars, si la terre est dure.

Le chou de *Bruxelles*, qui produit le long de la tige de petites pommes frisées que l'on cueille à mesure qu'elles grossissent, se sème en avril comme le chou de Milan, se consomme en hiver et ne craint pas la gelée.

J'ai déjà dit que les pieds de choux qui sont destinés à porter graines doivent être bien choisis avant l'hiver ; j'ajoute qu'en les replantant au printemps, il faut éloigner les diverses variétés les unes des autres pour qu'ils ne dégénèrent pas.

Si les pommes des porte-graines ne s'ouvrent pas facilement, on les fend légèrement ; quelquefois même, on enlève la tête, et on se contente de mettre en terre les trognons restés intacts.

La puce de terre, ai-je encore dit, exerce de grands ravages sur les jeunes choux ; mais ils ont plus tard un ennemi plus dangereux dans la chenille. Aussi, mes amis, je vous conseille de lui faire une guerre acharnée.

Le matin, au lever du soleil, approchez-vous munis d'une petite palette de bois et d'une feuille assez grande ; cherchez les chenilles, qui alors n'ont pas encore commencé leurs promenades dévastatrices, faites-les tomber sur votre feuille, jetez-les à terre, écrasez-les sans pitié ; car, si vous vous contentiez de les faire tomber sans les gratifier d'un coup de sabot, votre temps et votre peine auraient été perdus.

Ne négligez pas non plus de tuer les chenilles qui détruisent vos arbres fruitiers et même vos baies. Coupez, avant que le soleil ne les ait échauffées, toutes les branches qui supportent des nids.

Dès que vous en avez réuni quelques-unes, hâtez-vous de les écraser, ou bien de les brûler avec les rameaux coupés. Décembre, janvier et février conviennent bien pour cette opération.

Pendant que je vous entretiens des insectes malfaisants, laissez-moi vous engager encore à arroser fréquemment les jeunes carottes attaquées par l'araignée. Faites de même pour les laitues, les romaines, les chicorées et les épinards mangés par les pucerons ; et, si les limaces s'en prennent à vos haricots, ayez de la poussière de chaux que vous répandrez sur eux, tard dans la soirée, ou mieux avant le jour. Ce moyen, recommandé pour les blés dans les mois humides d'automne, lorsque aussi ils sont mangés par les limaces, est excellent : j'en ai éprouvé moi-même les bons effets.

QUESTIONS : Quels sont les travaux de *mai*? — Comment sème-t-on les haricots, les cornichons, les choux-fleurs, le céleri? — Quels sont les travaux de *juin*? — Quels soins doivent recevoir les planches de choux? — Comment détruit-on les chenilles, les araignées, les limaces?

VINGT-QUATRIÈME LECTURE.

Travaux des mois de Juillet, d'Août, de Septembre, d'Octobre et de Décembre.

Pendant le mois de *juillet*, mon jardin demande des arrosements et des binages multipliés.

Tout le terrain est employé : je remplace les récoltes faites par de nouveaux semis. Les pois et les haricots que je sème alors seront mangés en vert, car ils mûriraient difficilement.

En *août*, les travaux sont les mêmes qu'en juillet; je commence à faire des semis de salsifis, de carottes, d'épinards pour le printemps ; je repique les choux dont j'aurai besoin pendant l'hiver; je renouvelle les bordures, je nettoie mes planches, en faisant disparaître les mauvaises herbes qui, mêlées avec de la terre et de la chaux dans une fosse, formeront des composts, comme je l'ai dit plus haut.

Je récolte mes graines que je mets en lieu sûr.

Du 15 au 20, je sème les gros oignons blancs, que je repiquerai à 8 ou 10 centimètres de distance, quand ils auront 16 à 19 centimètres, en les plaçant debout dans des trous de 3 centimètres. Comme ils ne gèlent pas en hiver, ils sont bons à manger au mois de mai.

En *septembre*, je sème encore de la salade pour l'hiver ; je plante aussi des fraisiers, j'arrache les pommes de terre, et je mets en pots les fleurs vivaces que je rentrerai dans un lieu d'une température douce, dès que les froids se feront sentir.

Pendant le mois d'*octobre*, je continue la plantation des fraisiers, le repiquage de l'oignon blanc, des choux. Je fais blanchir la chicorée en la liant avec de la paille ou de l'osier par un temps sec. Je laboure mes artichauts, de la culture desquels je parlerai tout à l'heure ; enfin, je récolte les fruits d'hiver que je porte dans une pièce où ils ne pourront geler, et où ils seront, autant que possible, à l'abri de l'air et de la lumière.

Les travaux de *novembre* et de *décembre* consistent, quand le temps le permet et suivant les climats, à couvrir les plantes qui craignent le froid, à semer le pois Michaud, quelques laitues et radis, à mettre en cave les betteraves, les navets, les salsifis, la chicorée, à nettoyer les graines et à les classer, c'est-à-dire à les placer dans des boîtes ou dans des sacs de papier, en écrivant dessus le nom de chaque variété. Le jardinier doit encore, durant ces mois, préparer, comme en janvier, sa terre, ses engrais, réparer ses outils, fabriquer des paillassons qui serviront à couvrir ses récoltes de printemps et à préserver celles qui passent l'hiver.

J'ai déjà parlé, mes amis, de la chicorée, qu'on lie pour la faire blanchir. Il en existe un grand nombre de variétés. La *chicorée frisée de Meaux* ne se sème guère avant le mois de juin, car elle est sujette à monter; la *scarole*, au mois d'avril en pleine terre; on la repique à 20 ou 25 centimètres, en quinconce, lorsqu'elle a 8 ou 10 centimètres de haut.

Il est bon de pailler les planches, et surtout d'arroser. Comme ces plantes craignent le froid, on les rentre, lorsqu'il gèle, dans une cave où on les entasse dans du sable. Il existe une autre variété de chicorée qui est précieuse à plus d'un titre : c'est la chicorée *sauvage* ou *barbe de capucin*. Voici comment MM. Moreau et Daverne, dans leur ouvrage sur la culture maraîchère, en conseillent la culture:

Elle se sème en plein champ, à la volée, fin mars ou au commencement d'avril. Pendant l'été, on vend les feuilles aux pharmaciens, et l'on a soin d'en conserver pour son usage. En octobre, en novembre, et même en janvier, on arrache les racines pour les faire pousser dans des caves. Ces racines, après qu'on a coupé toutes les feuilles près de la tête, sont rassemblées en grosses bottes, les têtes étant au même niveau. On les lie avec de l'osier, puis on les porte dans une cave obscure sur une couche de fumier de cheval épaisse de 35 ou 40 centimètres. On n'ajoute ni terre ni terreau; on dispose seulement les bottes sur le fumier, la première contre un mur, et les autres en avant, de telle sorte qu'il n'y ait pas de vide entre elles. En 20 ou 22 jours, les racines de toutes ces bottes ont pousé des feuilles étroites, de 25 à 30 centimètres, qui sont très-blanches, et qu'on utilise pour soi ou pour la vente.

L'*artichaut*, dont les meilleures variétées sont le *gros vert* de Laon, et le *violet*, selon les climats, demande une terre profonde, fraîche et fertile.

Il se reproduit plutôt par *œilletons* que par graines. Le *Bon Jardinier* indique ainsi qu'il suit sa culture : Vers le milieu d'avril, après avoir labouré profondément, ameubli, bien fumé le terrain destiné au plant d'artichauts, on enlève toutes les feuilles des anciens pieds qui ont 20 ou 30 centimètres, moins deux ou trois, en les éclatant près de la racine afin de les avoir avec les talons. Ces éclats sont les œilletons qui donneront de nouvelles racines. Avant de les planter, on a soin de les nettoyer, c'est-à-dire de faire disparaître les lambeaux, et de les *araser* ou couper de la même hauteur, à l'aide de la serpette.

Les feuilles ne doivent pas avoir plus de 16 centimètres. Il est bon que la place du talon (la partie cassée) ait eu le temps de sécher avant d'être mise en terre, mais il ne faut pourtant pas attendre que les feuilles soient fanées.

Les œilletons se plantent en *échiquier* à 80 centimètres ou 1 mètre de distance. Planter en *échiquier* ou en *quinconce*, c'est planter en rangs, de telle façon que chaque pied d'un rang se trouve vis-à-vis de l'espace qui sépare deux pieds du rang précédent et du rang suivant.

C'est avec le plantoir qu'on repique l'artichaut; on l'enfonce à 8 centimètres, et on ménage un petit bassin autour du pied. On arrose de suite, puis tous les deux jours, jusqu'à ce que les œilletons aient bien repris; enfin, on termine par un binage, afin d'ameublir la terre tassée par l'eau.

De peur de non-reprise, on met parfois deux œilletons à 12 centimètres de distance; on supprime l'un d'eux dans la suite, à moins qu'ils ne soient vigoureux ni l'un ni l'autre.

Les artichauts plantés d'après cette méthode, donnent souvent des fruits en automne. On doit avoir soin, quand on en a récolté tous les fruits, de couper les tiges le plus près possible des racines.

A la veille des gelées, on coupe les plus grandes feuilles à 30 centimètres de la terre; on butte le plant; lorsque les gelées commencent, on couvre chaque touffe avec des feuilles sèches, de la balle de céréales ou de la litière qu'on ôte dans les temps doux, pour que les artichauts ne pourrissent pas, car ils craignent l'humidité plus encore que le froid. Vers la fin de mars, après les gelées, on enlève la couverture, on donne un bon labour en nivelant le sol; puis, vers le milieu d'avril, on enlève les œilletons pour s'en servir ou non, et, comme je l'ai dit, on réserve à chaque pied deux ou trois des plus beaux.

J'ai indiqué deux époques pour la plantation des *fraisiers*; je vous ai conseillé de les placer en bordure, mais vous pouvez aussi en faire des planches; vous choisirez la fraise de tous les mois, et quelque autre variété productive.

Le fraisier se reproduit par graines, par éclats ou par coulants. Je ne vous entretiens pas du premier moyen de reproduction, qui est trop long et exige trop de soins. Quand on veut multiplier par éclats (et cette opération ne se fait qu'au printemps), on divise les plus gros pieds en séparant les œilletons qui les composent, de manière que chaque éclat ait des racines. Presque tous les fraisiers ont des filets ou *coulants* qui s'allongent sur la terre et qui, de distance en distance, sont garnis de nœuds. Ces filets doivent être détruits, même quand on n'en a pas besoin, parce qu'ils affaiblissent les pieds-mères et nuisent à la récolte. Mais, si l'on veut les cultiver, on les laisse croître et se développer en août et en septembre, puis on place les nœuds dès la fin de septembre, en les enterrant légèrement.

En bordure, les fraisiers se placent à 30 ou 40 centimètres de distance; sur planches, à 25 ou 30 centimètres, mais en quinconce ou échiquier.

Plus la terre est fumée et ameublie, plus les fruits sont hâtifs et de bonne qualité ; et comme les fraisiers ne sont très-productifs que pendant la 2e et la 3e année, il faut les renouveler au bout de ce temps en changeant de terrain. Ne renouvelez jamais les fraisiers sans changer le terrain dont ils ont épuisé les sucs qui leur conviennent.

QUESTIONS: Quels sont les travaux de *juillet?* — Quels sont les travaux d'*août*, de *septembre*, d'*octobre*, de *novembre*, de *décembre?*—Quelles sont les variétés de la salade à récolter? — Dites-nous l'utilité de la chicorée sauvage? — Quelles sont les meilleures variétés d'artichauts? — Comment se reproduisent-ils? — Quels soins exigent-ils? — Comment multiplie-t-on les fraisiers? — Quels soins réclament-ils?

VINGT-CINQUIÈME LECTURE.

Fleurs. — Plantes médicinales.

Mes bons amis, lorsque j'ai passé en revue les travaux du mois de mars, j'ai prononcé le nom de quelques fleurs qu'on sème à cette époque ; je vais revenir sur ce sujet, sans toutefois m'y arrêter beaucoup, car l'utile avant tout importe à la ferme; l'agréable ne doit venir qu'après. Néanmoins, quelques fleurs dans le jardin font plaisir à voir; leur culture est facile ; livrez-leur un petit coin de terre.

Si vous leur consacrez des plates-bandes, placez-y des oignons de tulipes, de jacinthes, des griffes de renoncules, et autres qui ne demandent que des arrosements matin et soir durant les grandes chaleurs. Repiquez-y aussi des reines-marguerites, des balsamines, des giroflées, qui auront levé sur couche à une bonne exposition.

La pivoine, les chrysanthèmes d'automne, la verge d'or, les lis, le mufle de lion viennent partout, aussi bien que la violette, la pensée, la primevère, l'œillet, les zinnies, les belles-de-nuit, et d'autres encore qu'il serait trop long d'énumérer.

Les pois vivaces, les liserons, les lupins se trouvent bien près des murs. Des arbustes, tels que le lilas, le chèvre-feuille, le genêt d'Espagne, occuperont les angles du jardin. Il est facile de se procurer sans grands frais des graines de ces fleurs ou des éclats de ces arbustes.

Vous aurez aussi des rosiers, et vous choisirez surtout ceux qui donnent des fleurs toute l'année.

Je vous conseille, mes amis, de les produire vous-mêmes plutôt que d'en acheter; rien n'est plus facile, et voici comment vous procéderez :

Le rosier se multiplie de diverses manières. On peut semer les graines que renferme, après la chute des fleurs, cette sorte d'olive rouge que vous connaissez. On obtient ainsi des variétés nouvelles de roses; mais ce moyen demande au moins six années avant qu'on obtienne des fleurs.

On produit aussi des rosiers en plantant, avec les racines, les jets qui poussent au pied d'anciens plants, ou encore par des *boutures*, c'est-à-dire en mettant dans une bonne terre des morceaux de branches bien vigoureuses, prises sur les espèces qu'on veut avoir. Enfin, on a des rosiers et des roses selon son goût, par greffe en écusson, sur les églantiers ou rosiers sauvages.

Ces églantiers ne doivent pas être trop vieux; les bons se reconnaissent à leur écorce verte et à leur belle végétation. On les met en place au printemps, mais avant que la sève soit trop active. On enlève avant tout l'extrémité des racines; les trous qui les reçoivent doivent avoir 35 à 40 centimètres en tous sens. Autour des racines, on jette de la terre bien meuble; au-dessus, un peu de fumier; puis on remplit avec de la terre provenant du trou pratiqué. Depuis le moment où il est planté jusqu'à celui de la greffe, de grands soins sont réclamés par l'églantier. Ainsi, on coupera tous les jets qui pousseront le long du pied, et on ne laissera que deux ou trois branches en haut. Ces précautions sont indispensables si l'on veut que ces branches, sur lesquelles on doit greffer, soient suffisamment fortes.

Si les rosiers sont plantés en bordures, tous doivent être greffés à la même hauteur. Dans le cas contraire, ils doivent former gradins et subir les conséquences de leur destination.

C'est au mois de juin ou au mois de septembre qu'on greffe les sujets. La greffe de juin, ou à *œil poussant*, se développe immédiatement; celle de septembre, à *œil dormant*, ne paraît pas ordinairement avant l'hiver, et c'est un bien, attendu que la jeune pousse ne pourrait pas supporter les gelées.

Pour greffer, on se sert d'une espèce de couteau nommé *greffoir*, à l'aide duquel on enlève avec un peu de bois un œil, ni trop gros, ni trop petit, sur le rosier qu'on veut multiplier.

On met cet œil entre les lèvres, sans le mouiller, ou on le fait tenir par un aide, pendant qu'on fait au sujet une incision en forme de **T**, qui ne dépasse pas l'écorce. On écarte les deux côtés de l'écorce avec la *spatule* du greffoir, sorte de petite lame en bois ou en corne, et on y ajuste l'œil, après avoir enlevé avec précaution le bois qui pouvait le couvrir en dedans. Puis, afin de le faire adhérer au sujet, on serre avec de la laine ou du coton, sans serrer l'œil lui-même. On ne laisse ordinairement que deux branches au sujet, ai-je dit; on les greffe toutes deux, ou seulement l'une d'elles, et on n'en coupe les extrémités que lorsque l'écusson a poussé de sept à

10 centimètres; on enlève en même temps la laine ou le coton, avec beaucoup de précaution. Tous les rejets qui viennent au-dessous ou au-dessus de la greffe doivent être coupés lorsqu'ils paraissent, car ils consommeraient une partie de sa nourriture.

On ne met des tuteurs au rosier que quand la greffe est déjà forte et allongée.

Maintenant, mes amis, je vais vous dire un mot des plantes médicinales que le cultivateur devrait récolter pour s'en servir en cas de maladies.

Parmi ces plantes, les unes sont dites *émollientes*, parce qu'elles servent à adoucir, à calmer certaines indispositions; les principales sont : la *mauve*, la *guimauve*, la *grande consoude*, le *bouillon-blanc*, le *lin*, la *bourrache*, la *violette*.

D'autres sont *aromatiques* et *stomachiques*, comme : la *sauge*, le *thym*, la *lavande*, la *sarriette*, le *fenouil*, l'*absinthe*, l'*hysope*, le *sureau*.

D'autres sont *vermifuges*: la *tanaisie*, la *matricaire*.

Certaines rendent le sang plus pur; ce sont : la *chicorée sauvage*, le *pissenlit*, la *patience*, la *douce-amère*, le *cresson*.

Quelques-unes enfin ont la propriété d'assoupir, de provoquer le sommeil; ce sont : la *jusquiame noire*, la *belladone*, le *pavot*.

Avant d'aller plus loin, sachez, mes amis, qu'on entend par *tisane*, *décoction*, le liquide qui résulte de l'ébullition dans l'eau des plantes médicinales ou de certaines de leurs parties.

On fait des *infusions* en jetant quelques fleurs dans un vase plein d'eau bouillante, et en l'éloignant immédiatement du feu, sans quoi l'odeur et les propriétés des plantes disparaîtraient en partie.

Les plantes émollientes s'emploient soit en tisanes, soit en cataplasmes. Dans la toux de l'homme ou des bestiaux, on doit prendre des décoctions chaudes de fleurs, de feuilles ou même de racines.

Les feuilles cuites dans l'eau, appliquées en cataplasmes, conviennent parfaitement pour hâter la suppuration des furoncles ou clous. Placées chaudes sur le ventre ou sur toute autre partie enflammée, il est rare qu'elles ne soulagent pas immédiatement. La tisane préparée avec la grande consoude se donne assez souvent pour arrêter les cours de ventre.

Les infusions des plantes aromatiques conviennent dans les rhumes et les catarrhes. On les boit chaudes, afin de faciliter la transpiration; on les prend aussi après des chutes ou des refroidissements.

Les infusions de tanaisie, de matricaire, prises à jeun, chassent les vers chez les jeune enfants.

Les tisanes faites avec les plantes aromatiques et vermifuges doivent se préparer dans un vase en terre; les vases de fer ou d'autre métal leur communiquent des goûts très-désagréables.

Avant de terminer, je dois ajouter qu'outre l'avantage que retire pour lui-même le fermier de la culture des plantes médicinales, il peut s'en procurer un autre en vendant ses récoltes aux pharmaciens: la mauve et le bouillon-blanc peuvent donner un bon revenu. La récolte doit se faire quand les plantes sont en fleurs. On les fait sécher rapidement au soleil, puis on les conserve dans des boîtes ou dans des sacs de toile qu'on pend au plafond.

Je vous conseille enfin d'éloigner de l'habitation la jusquiame et la belladone, parce qu'elles sont vénéneuses, et que les fruits de cette dernière, ressemblant à des cerises, peuvent tenter les enfants.

QUESTIONS : Quelles sont les fleurs qu'on peut cultiver dans le jardin de la ferme? — Comment multiplie-t-on le rosier? — Que faut-il observer dans le choix des églantiers? — Comment et à quelle époque greffe-t-on? — De quels instruments se sert-on? — Quelles plantes médicinales doit renfermer un jardin? — Comment divise-t-on ces plantes et à quoi sont-elles employées? — Qu'entend-on par *tisanes*, *décoctions*, *infusions*? — Le cultivateur ou jardinier ne peut-il pas tirer parti des plantes médicinales autrement que pour son usage?

VINGT-SIXIÈME LECTURE.

Les Arbres.

PÉPINIÈRES. — GREFFES. — GREFFE EN APPROCHE.

Mes amis, en vous entretenant du jardin, je ne vous ai pas encore parlé des arbres fruitiers : je voulais leur consacrer, à eux seuls, plusieurs lectures qui ne me permettront pas cependant d'entrer dans des détails suffisamment étendus.

Il faut dans votre jardin un grand nombre d'arbres fruitiers. Le long des murs s'étendront, sous les formes les plus diverses, des *espaliers*, qui vous rapporteront sûrement de beaux fruits si vous en prenez soin. La nuit, des nattes de paille les protégeront contre les gelées; le jour, la chaleur de la muraille échauffée par le soleil hâtera leur végétation.

Vous aurez des arbres *à plein-vent*, c'est-à-dire que vous laisserez croître librement, sans vous en occuper que lors de la récolte. Vous en formerez un verger où croîtra seulement du fourrage; car, placés au milieu d'autres récoltes, ils leur nuiraient par l'ombre qu'ils répandent.

Vous choisirez surtout des arbres nains, s'élevant en *quenouilles*, en *pyramides*, en *fuseaux*, et qu'on place même en bordures. Préférez néanmoins les pyramides aux fuseaux et aux quenouilles ; ces dernières formes sont moins gracieuses et ne sont rachetées ni par la fécondité de l'arbre ni par la qualité des fruits.

Mais comment vous les procurerez-vous ? Chez le pépiniériste ? Si c'est le moyen le plus prompt, c'est aussi le plus coûteux.

Si vous créez un jardin, achetez des arbres; si vous le trouvez tout créé et en rapport, ayez une pépinière afin de pouvoir remplacer les sujets qui périront, et en augmenter peu à peu le nombre. De cette manière, vous ferez des économies d'argent, et, comme pour vos graines, vous serez sûrs de la qualité de vos produits.

La pépinière demande quelques soins, la *greffe* et la *taille*, un peu de savoir et d'expérience. Je vais donc essayer de vous donner des conseils à ce sujet.

Les arbres se reproduisent de trois manières : par les graines, pepins ou noyaux, par de petits rejetons pris sur des racines, par des boutures ou morceaux coupés sur les branches qu'on plante et qui s'enracinent comme cela se pratique pour le peuplier, le saule, l'osier, etc.

On appelle *pépinière* l'emplacement où l'on réunit, en les mettant à 40 centimètres environ, les petits arbres provenant de graines, les rejetons, les boutures; ou encore le *doucin*, qui tient le milieu entre le *paradis* et le *plein-vent*, et le *sauvageon*, qui donne les arbres les plus forts et les plus vigoureux. Ces jeunes plants prennent le nom de *sujets*, le conservent jusqu'à la greffe inclusivement, et restent une, deux, trois ou quatre années dans la pépinière avant d'être mis en place dans le jardin. Dans la pépinière déjà, les sujets réclament des soins assidus. Vous enlèverez toutes les herbes qui les frustreraient d'une partie de leur nourriture; vous bêcherez la terre autour d'eux pour que l'air et la chaleur leur profitent; vous les redresserez même à l'aide de tuteurs, si cela vous paraît nécessaire.

On greffe les sujets après une ou deux années, quand ils ont pris un certain développement. Cette opération de la greffe, l'une des plus intéressantes de l'horticulture, se fait de bien des manières, qui consistent toutes cependant à transporter sur un sujet une portion vivante, c'est-à-dire non desséchée, d'un arbre qui s'unit à lui, ne fait qu'un avec lui et croît comme le *pied-mère*. Il faut seulement qu'il y ait quelque ressemblance entre les individus que l'on rapproche, c'est-à-dire qu'on greffe les arbres à fruits à noyau sur des sujets dont le fruit est à noyau, etc. Ainsi, on greffe généralement l'abricotier sur le prunier, le pêcher sur le prunier et l'amandier, le cerisier sur le prunier ou le merisier, le prunier sur le prunier sauvage provenant de noyaux de cerisette ou de Saint-Julien, plutôt que de rejetons; car les racines traçantes de cet arbre sont déjà, par leur nature, trop disposées à s'élancer hors de terre.

On greffe les pommiers sur pommiers *francs* ou venus de pepins, sur pommiers dits *paradis*, provenant de rejets; ces derniers ne s'utilisent que pour former des arbres nains dont la durée est moindre que celle des arbres greffés sur le franc. Néanmoins, les sauvageons valent mieux que le franc lui-même pour greffer l'api et la calville blanche, et pour les variétés qui semblent s'éteindre, rongées qu'elles sont par le chancre. Enfin, on greffe sur franc le poirier destiné aux terrains secs et peu fertiles, et sur *cognassier* ceux qui doivent croître dans des terrains substantiels.

Quoique le succès de la greffe dépende surtout de l'analogie préexistante entre le sujet et l'arbre superposé, l'expérience a démontré que ce rapport est imparfait pour la séve entre poiriers et pommiers, qui ne prospèrent jamais l'un sur l'autre, tandis qu'un grand nombre de variétés de poiriers s'accommodent très-bien du cognassier, de l'aubépine, du néflier, de l'arbousier et même du cormier. Il est vrai que sur ce dernier la végétation est plus lente dans son développement; mais, en revanche, elle est beaucoup plus forte et plus durable.

J'ai dit aussi, mes amis, qu'il y a bien des manières de greffer les arbres; je ne veux pas vous entretenir de toutes : ma tâche serait trop longue, et mes efforts ne vous seraient probablement guère profitables. Si vous voulez apprendre à greffer, adressez-vous à votre instituteur, ou, à son défaut, allez chez un jardinier-pépiniériste qui, dans une séance, vous enseignera beaucoup plus sur ce sujet que tous les livres que vous pourrez lire.

Quand un arbre n'a pas autant de branches qu'on le veut, et qu'il ne porte pas de boutons propres à donner celles qui manquent, on greffe *en approche*, c'est-à-dire qu'on réunit au printemps, quand la sève est en mouvement, une branche inférieure et inutile à la tige au point où l'on veut en voir une.

On soude également les uns aux autres les poiriers, pommiers plantés en bordures, de telle sorte qu'à la longue tous ne font plus qu'un seul arbre.

Pour greffer en approche, on fait d'abord, dans le sens horizontal, une entaille à la tige au-dessus du point d'où le rameau doit partir, pour arrêter la sève qui se porte toujours vers le haut.

On pratique ensuite, au-dessous, une incision de haut en bas de 6 centimètres de long environ et d'une largeur égale à celle du rameau à souder. Le rameau lui-même est coupé de façon qu'il remplace complètement la partie du sujet enlevée par la seconde incision, et que les écorces de la greffe et de l'arbre soient en contact immédiat sur les deux côtés de l'entaille. Le rameau doit être évidemment muni d'un œil. On réunit les parties coupées et on les maintient par une ligature d'osier, d'écorce de saule ou de tilleul rendue souple par un court séjour dans l'eau, de fil de coton ou de laine, et on les recouvre de mastic à greffer.

Lorsqu'on taille l'arbre l'année suivante, la soudure est complète ; on coupe la greffe tout à fait au-dessous du point d'attache, on enlève les liens, puis on redresse et on écarte avec un étai la partie inférieure du rameau, afin qu'il prenne la direction voulue.

QUESTIONS : Le jardin ne doit-il pas recevoir beaucoup d'arbres fruitiers ? — Comment appelle-t-on les différents arbres ? — Comment peut-on se les procurer ? — Qu'est-ce qu'une pépinière ? — Quels soins réclame-t-elle ? — En quoi consiste l'opération de la greffe ? — Sur quels sujets se greffent l'abricotier, le pêcher, le cerisier, le prunier, le pommier, le poirier ? — Qu'entend-on par greffe *en approche*, et comment se pratique-t-elle ?

VINGT-SEPTIÈME LECTURE.

Les Arbres (*suite*).

GREFFE EN FENTE. — GREFFE EN ÉCUSSON.

C'est au moment où la séve est le plus en mouvement et par un temps ni trop chaud ni trop humide qu'il faut greffer. L'époque varie également suivant les arbres.

Au printemps, on greffe en *approche* et en *fente;* on greffe en avril et en mai, en écusson à œil poussant, les arbres donnant des fruits à noyau, ainsi que les églantiers ; en juillet, on greffe à œil dormant les églantiers, les poiriers ; en août et en septembre, aussi à œil dormant, les abricotiers, les cognassiers, les poiriers, les cerisiers et les pruniers.

On ne greffe en fente qu'au mois de mars et d'avril, et le plus ordinairement sur des sujets dont la greffe d'août n'a pas réussi ; car, au mois de mars, le jardin demandant au jardinier trop de soins, il ne pourrait faire cette opération sur tous les sujets de sa pépinière.

Voici comment on greffe en fente.

On a eu soin, avant tout, en janvier ou en février, de couper, sur les arbres qu'on veut multiplier, des rameaux de leur dernière pousse. On conserve ces rameaux dans la terre ou dans l'eau jusqu'au moment où les boutons du sujet à greffer commencent à s'entr'ouvrir. Alors on coupe horizontalement la tige du sujet ou l'une de ses branches, et l'on y fait avec le greffoir une fente verticale; puis on choisit un rameau ayant deux ou trois yeux et une longueur de 10 à 15 centimètres ; on le taille, à 3 ou 6 centimètres de l'œil inférieur, en *biseau* ou lame de couteau, et on place cette partie amincie dans la fente du sujet qu'on a tenue ouverte au moyen d'un coin, en l'inclinant légèrement, de telle sorte que le *liber* ou la couche la plus voisine du bois blanc dans le sujet et dans la greffe coïncide; c'est de cette coïncidence que dépend la reprise; quant à l'épaisseur de l'écorce proprement dite, elle peut être différente pour l'une ou pour l'autre, peu importe. Enfin on lie le tout et on recouvre les plaies, y compris le sommet qu'on a coupé, soit avec du mastic à greffer, soit avec de l'onguent de Saint-Fiacre composé de deux tiers de terre argileuse et d'un tiers de bouse de vache mélangées.

Un homme de grande expérience, M. Lucas, a proposé un mastic composé de 850 grammes de résine ordinaire et de 310 grammes d'esprit de vin. Pour l'obtenir, on fait fondre lentement la résine jusqu'à consistance de sirop ; on ajoute alors l'esprit de vin, puis on verse rapidement le mélange dans un vase fermant bien. Ce mastic s'emploie à froid avec un pinceau ; il n'altère pas les tissus de l'arbre, et n'entre pas dans les fentes.

Si le sujet est fort, on peut mettre deux, et même quatre greffes. Si la greffe et le sujet sont d'égale épaisseur, on taille l'extrémité de la première en coin; on fend le sujet et on place la greffe à cheval, de manière qu'elle présente chacun des bords de son écorce ou mieux du liber aux lignes des fentes du sujet. Il y a, de cette manière, plus de chances de succès.

Quand je vous ai entretenus du rosier, je vous ai expliqué assez complétement la greffe en écusson. On l'adopte aussi le plus fréquemment pour les arbres fruitiers. Cette greffe se fait de juillet en septembre, sur des sujets de un, deux, trois ou quatre ans, élevés en pépinière et dont l'écorce est mince, lisse et tendre. Le mois de juillet convient surtout pour le prunier et le cerisier dont la séve tarit de bonne heure. La greffe en écusson est à œil dormant, c'est-à-dire que l'œil ne poussera pas, ou poussera très-peu pendant l'hiver, mais se développera rapidement au printemps.

Si l'on voulait faire pousser immédiatement les écussons à œil dormant, il faudrait étêter les sujets au-dessus de l'écusson; mais cette pousse intempestive court des dangers si elle n'a pas eu le temps de se bien aoûter (durcir) avant l'hiver.

Outre que la greffe, dite écusson, est plus expéditive et plus économique que les autres, elle convient spécialement aux fruits à noyau généralement atteints de la gomme. Ainsi greffés, les arbres sujets à cette maladie en sont garantis.

Pour greffer en écusson, on enlève *sur un rameau* quelconque de l'arbre à multiplier un morceau d'écorce muni en son centre d'un bouton ou d'un œil bien formé. On pratique avec le greffoir, sur la tige du sujet et à l'endroit où l'écusson sera placé, une incision en forme de **T**, qui pénètre seulement jusqu'au bois; puis, avec la spatule, on écarte les deux lèvres de l'écorce pour y placer l'écusson ou l'œil, séparé auparavant du bourgeon, de façon à enlever avec l'écorce le moins de bois possible, tout en conservant au-dessous de l'œil une espèce de tissu verdâtre sans la présence duquel la reprise n'aurait pas lieu. L'écusson glissé dans l'incision, on rapproche les deux bords de l'écorce et on fait une ligature au-dessus et au-dessous de l'œil avec du fil de coton, de la laine peu tordue ou de l'écorce de saule ou de tilleul, comme je l'ai dit plus haut. Mais il faut que la base du bouton soit bien appuyée contre le bois du sujet. Comme pour le rosier, quand on s'aperçoit que l'œil pousse, il faut le desserrer, puis faire disparaître la ligature. Quelques jours avant la greffe, on a eu soin de couper toutes les branches inutiles au sujet; on ne laisse ordinairement que la tête, qu'on ne coupe qu'après l'hiver, à 8 centimètres au-dessus de l'écusson. Le moignon réservé sert de tuteur à la jeune pousse pour la diriger de bas en haut.

Depuis le moment où l'on a greffé un sujet jusqu'à celui où il est véritablement arbre, quand la greffe s'est développée, il faut faire disparaître sans pitié tous les rameaux qui poussent au-dessous ou au-dessus de l'écusson; car leur développement absorberait une partie des sucs nutritifs dont la jeune pousse a besoin.

Rien ne s'oppose, je l'ai dit, à ce que l'on mette plusieurs greffes sur une même branche ou sur une même tige ; mais, si ce sont des variétés différentes, il importe qu'elles soient d'une force de végétation égale à celle du sujet. Sans cette précaution, les plus vigoureuses absorberaient la nourriture des plus délicates.

Il me souvient, mes amis, qu'interrogeant un jour un de nos patriarches en horticulture, et lui demandant si, en greffant sur un même sujet des variétés différentes, on pourrait obtenir des résultats satisfaisants : « En agissant ainsi, me répondit-il, il arriverait ce qu'il arrive lorsqu'à une table bien servie prennent place des hommes d'une égale sobriété: il y a de quoi vivre pour tous ; mais si viennent s'y asseoir des gourmands, il est à craindre qu'ils absorbent à eux seuls la plus grande partie des mets, et que les autres n'aient rien. »

QUESTIONS : Quel moment et quel temps faut-il choisir pour greffer en *fente*? — Comment pratique-t-on la greffe en fente? — Comment et quand greffe-t-on en *écusson*? — Quels soins doivent recevoir les arbres greffés? — Peut-on greffer plusieurs variétés de fruits sur le même sujet?

VINGT-HUITIÈME LECTURE.

Les Arbres (suite).

PLANTATION ET TAILLE.

Après que vos arbres sont restés trois ou quatre années dans la pépinière, et qu'ils ont été greffés, il faut les distribuer dans les différentes parties du jardin, et, dès lors, les soins qu'ils réclament sont nombreux : il faut les tailler, les ébourgeonner, les pincer, si l'on veut en obtenir des fruits beaux et nombreux.

La plantation, avant tout, ne doit point se faire légèrement. De même que dans la pépinière le sol a dû être parfaitement défoncé et ameubli, de même dans le jardin le terrain qui recevra chaque arbre doit être bien travaillé, pour que les racines encore tendres puissent croître à l'aise. Vous ferez donc à l'avance des trous d'au moins 0,50 centimètres en tous sens, pour les arbres nains, et de 1^m 30^c à 1^m 40^c pour les arbres à plein vent. Les époques les plus convenables pour la plantation sont octobre et novembre, ou bien février et mars, quand la séve n'est pas en mouvement. Dans ce dernier cas, vos trous doivent être préparés avant l'hiver ; car la terre se pénétrera mieux d'air et s'ameublira mieux jusqu'au printemps.

Les arbres à plein-vent doivent être éloignés de

4 à 5 mètres les uns des autres ; les pyramides, de 3 mètres environ.

Le moment venu de mettre vos arbres en place, vous les arracherez de la pépinière, en donnant quelques coups de bêche à une certaine distance de la tige, et sans aller trop profondément, pour ne pas couper les racines. Quand l'arbre sera bien déchaussé, vous l'enleverez avec précaution en le prenant au-dessous de la greffe, sans appuyer sur celle-ci, car elle se décollerait facilement. Ne laissez ni mouiller ni sécher les racines. Après avoir rafraîchi ou coupé avec la serpette celles qui sont cassées, et raccourci celles qui sont trop longues, portez l'arbre immédiatement dans le trou qui lui est destiné avec la terre qui y tient. Enfoncez-le alors verticalement jusqu'à la greffe, que vous tournerez du côté du nord; étendez les racines pour qu'elles aient la même direction que dans la pépinière, enfin jetez dessus et autour d'elles de la terre légère et la meilleure que vous aurez enlevée en pratiquant le trou. L'ouvrier qui tient l'arbre l'aligne, s'il le faut, avec ses voisins sans lui imprimer des mouvements de bas en haut; car les secousses dérangent les racines, souvent même elles en rompent quelques-unes. Ajoutez un peu de fumier si vous en avez sous la main ; enfin remplissez le trou de terre en laissant une petite butte autour de la tige, mais sans que la greffe soit touchée. Il est inutile, je crois, de presser la terre avec le pied; le tassement se fait à la longue et les racines conservent mieux la place qu'on leur a donnée. Si l'arbre tend à s'incliner d'un côté ou d'un autre, on lui met un tuteur qu'on attache sans trop serrer le nœud.

Si les arbres que vous plantez sont des arbres achetés, ne les laissez pas exposés à l'air avant de les mettre en place. Choisissez-les dans les pépinières dont le sol ne diffère pas trop du vôtre sous le rapport de la qualité. Il y a avantage à transporter dans un bon terrain un arbre élevé dans un terrain médiocre; il y a grand inconvénient à faire le contraire. Il en est du végétal comme de l'animal qui dépérira, si, au moment de son développement, il change une bonne nourriture contre une mauvaise.

On remarque de plus qu'en déplaçant un jeune arbre plusieurs années de suite, en prenant les précautions convenables, il se développe beaucoup plus promptement : il trouve en effet, dans une terre nouvelle les aliments qu'il avait épuisés dans la première, et de nouveaux qui, pour ainsi dire, excitent son appétit.

Il me reste encore, mes chers amis, à vous entretenir des arbres définitivement plantés, à vous parler de la *taille*, et mon embarras devient de plus en plus grand ; car, pour être bien compris à ce sujet, il faudrait mettre sous vos yeux des gravures comme celles qu'on trouve dans des ouvrages plus savants et plus complets que celui-ci; ou mieux, il faudrait vous engager à suivre les leçons pratiques d'un jardinier habile.

Je me bornerai donc à en résumer les principes généraux.

Auparavant, je vous conseillerai encore de ne pas

repiquer autour de vos arbres des choux, des légumes qui deviennent trop grands et trop touffus, de bêcher fréquemment le terrain qu'ils occupent, en n'approchant pas trop de leur tige, et en vous servant pour cette opération de la bêche à deux ou trois dents comme pour les fosses d'asperges.

Les arbres à plein-vent ne sont l'objet d'une taille périodique qu'autant qu'on tient à leur donner une forme particulière.

Les arbres nains et ceux qu'on met en espalier sont donc presque exclusivement soumis à cette opération, aussi bien qu'à celle de l'ébourgeonnement et du pincement, dont, en définitive, le résultat est à peu près le même.

Le but de la taille est, comme vous le savez sans doute, de faire pousser les branches nécéssaires à ce que l'arbre prenne telle ou telle forme, espalier, gobelet, pyramide, quenouille, etc., et d'augmenter la grosseur et la bonté des fruits qu'il portera.

La taille repose sur ces trois principes, que l'expérience a vérifiés:

Si l'on coupe la tige d'un arbre qui a souffert, ou dont la charpente doive être renouvelée, elle poussera des jets l'année suivante.

Si l'on coupe l'une de deux branches voisines, l'autre profitera de la séve qui se serait portée sur la branche supprimée; elle grossira par conséquent davantage, et les fruits qu'elle portera seront plus gros et de meilleure qualité.

Si l'on supprime enfin une partie d'une branche garnie de trop nombreux boutons à fruits, ceux qui resteront profiteront mieux et tiendront plus sûrement.

Que toutes les branches usées, de mauvaise qualité, d'une longueur peu proportionnée à leur force et à celle de l'arbre lui-même, soient supprimées à l'aide de la serpette (le sécateur, espèce de ciseaux dont on se sert fréquemment aujourd'hui, fait des incisions moins nettes). Cette taille des arbres se fait après les fortes gelées, avant que la séve soit en mouvement. On commence par les pommiers et les poiriers ; on continue par les arbres donnant des fruits à noyau ; on réserve les pêchers pour le moment où ils sont près de fleurir. Les branches à bois, qu'on reconnaît aux *yeux*, sont réservées pour donner la forme qu'on désire ; les branches *à fruits*, qu'on distingue à leurs boutons ronds et saillants, ne disparaissent qu'autant qu'elles nuisent à la régularité de l'arbre.

Si les boutons et les bourgeons sont trop nombreux ; si, en se développant, ils doivent se nuire et épuiser l'arbre, on en fait disparaître une partie. On *pince* aussi, c'est-à-dire qu'on casse, à différentes époques de la végétation, les branches à bois et les branches à fruits qui se développent trop au détriment des autres, en les arrêtant à la longueur des autres branches moins vigoureuses.

Quand une branche est trop vigoureuse, il faut chercher à l'amoindrir. On arrive à ce résultat en l'inclinant ou en la recourbant ; en la chargeant de fruits ; en enlevant une partie de ses feuilles ; en faisant, dans le sens horizontal, une incision jusqu'au bois et de quelques millimètres de longueur, au-dessous de l'empâtement ou de l'endroit où la branche prend naissance ; en la serrant fortement avec un lien d'osier ; enfin, en pinçant à plusieurs reprises son extrémité.

En effet, comme la séve tend toujours à arriver vers les parties les plus verticales de l'arbre ; comme c'est la séve qui le nourrit principalement, empêcher la séve de se porter en trop grande abondance sur la branche qu'on veut affaiblir, c'est la priver, au moins pour quelque temps, d'une partie de sa nourriture. Laisser beaucoup de fruits sur une branche trop vigoureuse, c'est diviser la quantité de séve qui lui arrive, dont une partie ira nourrir les fruits. Enfin il est prouvé qu'en privant une branche de la totalité ou d'une partie de ses feuilles, on lui ôte l'un des moyens d'avoir une nourriture plus abondante, et on affaiblit l'action de ses fonctions vitales.

Quand une branche languit, au contraire, il faut la corroborer, c'est-à-dire lui donner la force qui lui manque. On y parvient en la laissant libre dans les espaliers, en la redressant dans les pyramides ; en pratiquant des incisions au-dessus de la couronne ou de l'empâtement ; en ébourgeonnant et en faisant disparaître les fruits en tout ou en partie

J'ai dit plus haut qu'on greffe en approche pour placer une branche sur la tige d'un arbre qui en est dégarnie. L'incision horizontale au-dessus d'un œil placé à l'endroit où l'on veut avoir une branche est aussi un moyen pratiqué et qui contribue au prompt développement de cet œil.

Mais, si une tige dégarnie ne peut compléter ses

branches, ni par la greffe en approche ni par le développement d'un œil, on y place une greffe en écusson et l'on a recours aux incisions dont il vient d'être parlé, afin de hâter son développement.

La tête se coupe depuis 10 jusqu'à 30 centimètres, selon sa grosseur. Les premières branches des arbres nains doivent être éloignées du sol de 20 à 30 centimètres. Enfin, quand on taille, il faut laisser peu de bois aux arbres faibles, et laisser plus longues la tige et les branches à ceux qui poussent beaucoup de bois.

En terminant cette lecture et ce qui a rapport au jardin, je répéterai encore, mes amis, ces préceptes que j'ai appris d'hommes d'expérience :

« Créez des arbres vigoureux ; sachez, durant les premières années, sacrifier l'espérance de fruits nombreux au développement de leur tige et de leurs branches : les arbres bien constitués produisent seuls de beaux et de bons fruits. »

QUESTIONS : Que fait-on des arbres élevés dans une pépinière? — Quelle doit être la préparation du terrain où on les placera? — A quelles époques se font les plantations? — Quelles précautions prend-on pour arracher les arbres?—Avant de les planter et en les plantant? — Le choix du terrain est-il indifférent?— Doit-on laisser croître des plantes hautes et épuisantes autour des arbres? — Quels soins y a-t-il à prendre des arbres définitivement plantés? — Quel est le but de la taille? — Par quels principes doit-on se diriger dans la taille? — Quand taille-t-on? —Quand faut-il ébourgeonner? — Qu'est-ce que le pincement? — Comment se coupent les têtes et à quelle distance du sol doivent être les premières branches des arbres nains? — Que doit-on surtout observer lors des premières années de la plantation?

QUATRIÈME PARTIE.

AGRICULTURE.

VINGT-NEUVIÈME LECTURE.

Notions générales sur les plantes de grande culture. Travaux des mois de Janvier et de Février.

Nous voici, mes amis, arrivés à la dernière partie de cet ouvrage, celle qui traitera de la grande culture. Comme pour le jardin, nous allons parcourir les différents mois de l'année, et dès qu'il sera question d'une plante nouvelle, je vous ferai connaître tous les soins qu'elle réclame.

Auparavant, sachez que les plantes de grande culture se divisent en plantes *alimentaires*, servant à la nourriture de l'homme ; en plantes *fourragères*, servant à la nourriture des bestiaux ; en plantes *commerciales*, utilisées par l'industrie pour divers usages.

Les premières sont : le *blé*, le *seigle*, l'*orge*, l'*avoine*, le *millet*, le *maïs*, le *sorgho*, qu'on comprend sous le nom de *céréales* ; les *pois*, les *fèves*, les *haricots*, les *féverolles*, les *vesces*, le *sarrasin*, nommés plantes *farineuses*.

Les céréales sont la base de la nourriture de l'homme sur une grande partie du globe. En France, les froments sont l'objet d'un commerce de plus de deux milliards de francs s'exerçant sur des récoltes de 150 millions d'hectolitres. On y consomme chaque jour plus de 20 millions de kilogrammes de farine.

Les *céréales* ne donnent pas seulement le *pain*, elles fournissent encore la paille qui nourrit les bestiaux ou qui sert de litière, pour la production des fumiers. Les céréales appelées de *printemps*, parce qu'on les cultive à cette époque, sont *annuelles* ; celles qu'on sème en automne sont *bisannuelles*, parce qu'elles ne se récoltent que l'année suivante.

Les *farineuses* sont des plantes dont les grains sont renfermés dans une cosse. Sans être propre à faire du pain, leur farine donne une substance très-nutritive ; leur paille vaut mieux que celle de toutes les autres céréales pour être consommée par le bétail. Dans la culture, elles s'intercalent entre deux céréales; et les observations font croire qu'elles épuisent moins le sol que ces dernières.

Les *fourrages* sont les plantes qui servent principalement à la nourriture des animaux. Ils sont dits *naturels* quand ils sont produits sans aucune préparation dans les prés et les pâturages ; *artificiels*, quand ils proviennent de la culture dans les champs. La culture des fourrages est la base de toutes les autres : en effet, sans fourrages, point de bétail ; sans bétail, point de fumier ; sans fumier, point de denrées produites.

La *pomme de terre*, la *carotte*, la *betterave*, sont des plantes alimentaires *sarclées*; elles permettent d'ameublir, de nettoyer parfaitement le sol, et fournissent une nourriture abondante pour l'homme et les animaux.

On entend par plantes *commerciales* celles qui, généralement du moins, servent à tout autre usage qu'à l'alimentation.

On nomme *oléagineuses* celles qui donnent l'huile; *textiles*, celles dont on tire la filasse; *tinctoriales*, celles dont on extrait des couleurs.

Les plantes *oléagineuses* sont : le *colza*, la *cameline*, la *moutarde blanche*, le *pavot* et la *navette*.

Les plantes *textiles* sont : le *lin* et le *chanvre*, dont les graines fournissent aussi de l'huile : celle de lin, recherchée dans la peinture ; celle de chanvre, pour l'éclairage et la fabrication des savons.

Les plantes *tinctoriales* sont : la *gaude*, contenant un principe colorant jaune ; la *garance*, donnant une couleur *rouge* ; le *pastel*, fournissant une matière colorante *bleue*.

Enfin, le *houblon*, le *safran*, le *chardon à foulon*, le *tabac*, la *chicorée à café* sont principalement nommées plantes *industrielles*.

Le mois de *janvier* est le mois des labours et de la préparation du sol. Je ne répéterai pas ce que j'ai déjà dit sur l'importance de cette opération, qui, faite avant les gelées, contribue puissamment à ameublir le terrain.

Le jardin a été labouré à la bêche ; on se sert de la charrue dans la grande culture, car le travail à la bêche demanderait, pour un hectare, au moins cinquante journées d'un ouvrier de force moyenne.

Les engrais sont transportés et étendus avant le labourage.

Le cultivateur emploie les beaux jours de ce mois à faire des sillons d'écoulement des eaux, à entretenir les chemins, les clôtures ; et les jours de mauvais temps, à battre le blé, à teiller le chanvre, à réparer ses instruments de culture, enfin à mettre tout en ordre dans sa ferme.

Les mêmes travaux se continuent durant le mois de *février*. On peut semer alors les *féverolles* d'hiver, les *pois*, l'*orge*, le *pavot*, certaines espèces de *vesces* et de l'*avoine*.

La *féverolle* ne demande pas un sol riche ; comme la *fève de marais*, qu'on sème aussi à la fin de ce mois, elle se place en lignes espacées de 60 centimètres, ou se répand à la volée. Elle s'enterre à 8 centimètres. Le semis en lignes est préférable, attendu qu'il faut donner à la plante plusieurs façons pour détruire les mauvaises herbes, et que ces façons sont difficiles à pratiquer dans des récoltes semées à la volée. Le temps qu'on perd d'un côté en semant en lignes est gagné de l'autre, et on économise la semence; car 15 à 20 grains suffisent pour 1 mètre de longueur. On peut semer sur la fève, quinze jours après, de l'avoine qu'on enterre à la herse. La *fève* se donne aux chevaux et aux moutons; moulue, on la fait consommer par le gros bétail; quelques personnes en ajoutent même une petite quantité (un quinzième au plus) à la farine de blé dans le pain. La paille de la féverolle, rentrée dans de bonnes conditions, convient aux moutons; celle de la fève battue est une bonne nourriture pour les chevaux fatigués.

Pour faire grener davantage la féverolle et la fève, et pour faire disparaître les pucerons noirs, on coupe le haut de la plante dès que les cosses sont nouées.

Les *pois nains*, semés dans la grande culture, sont surtout destinés à la nourriture des bestiaux, à moins qu'on n'en veuille récolter la graine. On les fauche, dans le premier cas, lorsqu'ils sont en pleine fleur, on les fait sécher et consommer aussitôt ou plus tard ; dans le second cas, on attend, pour faucher, la complète maturité. Souvent on sème les pois avec de l'avoine ou des féverolles qui leur servent de tuteurs.

Si l'on sème en grand des pois verts ou jaunes pour la consommation ou pour la vente, il faut les mettre en lignes et par touffes. On peut aussi, afin de leur donner un soutien quand ils s'élèvent, mettre entre les rangs une ligne de fèves de marais.

Les pois aiment les sols meubles, légers, plus que les terres argileuses ; on peut les placer avant ou après toute espèce de récoltes ; mais ils ne doivent revenir, en général, sur le même champ, que tous les six ou huit ans.

Les *vesces* aiment une terre franche, un peu argileuse et demandent une préparation pareille à celle des pois ; mais elles peuvent être ramenées plus souvent sur le même sol, pourvu qu'il soit assez fertile ; elles s'accommodent de toutes les places et forment une bonne préparation pour le blé. Les vesces semées au mois de février et jusqu'en juin sont dites de printemps ; il y en a d'automne qui sont par conséquent bisannuelles. Les unes et les autres peuvent se mêler pour un quart de leur quantité totale (environ 2 hectolitres de graine par hectare) à de l'orge, de l'avoine ou des féverolles. Ces dernières plantes les empêchent de verser ou de se coucher, ce qui arrive quand la végétation est trop vigoureuse. Comme les vesces s'égrènent facilement, on doit les récolter quand la moitié environ des cosses sont mûres. On donne la paille aux chevaux, aux moutons ; les graines moulues sont très-propres à l'engraissement des bœufs.

Les graines de vesces doivent être recouvertes avec soin dès qu'elles ont été répandues sur le sol, afin qu'elles soient préservées des pigeons, qui en sont très-friands.

Quand on ne veut retirer de cette plante que du fourrage, qui est très-nourrissant, on la fauche et on la fait sécher un peu après la pleine floraison, et lorsqu'une partie des cosses sont déjà remplies de graines à demi formées.

Questions : Comment se divisent les plantes de la grande culture? — Quelles sont les plantes *alimentaires?* les *céréales?* les *farineuses?* — A quoi servent les *fourrages?* — Qu'entend-on par plantes *sarclées*, par plantes *commerciales*, et quelles sont-elles? — Qu'entend-on par plantes *oléagineuses, textiles, tinctoriales?* — Quelles sont les plantes dites *industrielles?* — Quels sont les travaux du mois de *janvier?* — Que sème-t-on en *février?* — Comment sème-t-on les *féverolles*, les *fèves de marais?* — Quels soins reçoivent-elles, et à quoi servent la graine et la paille? — Pourquoi sème-t-on des *pois* dans la grande culture? — Quand les fauche-t-on? — Ne sème-t-on pas avec les pois de l'avoine, des féverolles, et dans quel but? — Comment se sèment les pois verts ou jaunes? — Quel terrain convient aux pois? — Quel terrain convient aux *vesces* et quels soins doivent-elles recevoir? — Ne sont-elles pas annuelles ou bisannuelles? — Ne les sème-t-on pas aussi avec l'avoine, l'orge, etc.? — A quoi servent les grains et la paille? — Comment se fait la récolte des vesces?

TRENTIÈME LECTURE.

Suite des travaux de février. — travaux de mars.

En *février*, on sème généralement l'*orge*, le *pavot*, l'*avoine*.

L'*orge* présente de grands avantages qui la rendent précieuse aux cultivateurs.

C'est de toutes les céréales celle qui mûrit le plus rapidement ; elle produit beaucoup de grains, mais peu de paille. Le grain est employé à la fabrication de la bière, à la nourriture des bestiaux et à la panification. Il est bon, dans ce dernier cas, de mélanger sa farine à celle du seigle ou du blé ; seule, elle fournit un pain grossier et de mauvaise digestion.

L'orge mondé et perlé, c'est-à-dire dégagé de la peau qui l'enveloppe, sert à faire des bouillies et des tisanes rafraîchissantes.

L'orge demande une terre franche, riche, bien ameublie, et il vaut mieux occuper par l'avoine que par l'orge les terrains pauvres ; le produit est de beaucoup supérieur.

Il y a plusieurs espèces d'orge ; l'orge de printemps et l'orge d'hiver. Il en faut de 100 à 150 litres par hectare ; on herse l'orge d'hiver au printemps. On sème quelquefois l'orge pour la faire consommer en vert par les bestiaux. L'orge vient très-bien après une récolte sarclée. Après d'autres céréales, elle souffre souvent des mauvaises herbes.

Plus tôt elle est rentrée après avoir été coupée, meilleure est la qualité du grain. J'ai semé, depuis plusieurs années déjà, une orge à six rangs qui donne un produit extraordinaire ; ainsi, un demi-litre semé en lignes sur 70 mètres carrés m'a rendu 70 litres. La moitié de la semence même aurait suffi, car beaucoup de tiges ont été étouffées, tant elles étaient nombreuses. C'est une orge d'hiver ; cependant, semée en novembre, elle a fourni des tiges trop longues relativement à leur force et elle a versé; semée vers le milieu de février, elle a été récoltée le 15 juillet.

Comme l'orge doit recevoir les mêmes soins que le blé, je me réserve, mes amis, d'entrer dans de plus grands détails quand je parlerai de cette céréale, la première de toutes.

Le *pavot* est cultivé pour sa graine dont on extrait l'huile appelée *huile d'œillette*, qui remplace l'huile d'olive dans la préparation des mets. Il est employé également dans la médecine.

Le pavot ne croît bien que dans les meilleures terres à blé, et aime les engrais liquides, ou les tourteaux de colza, de navette, réduits en poudre. Deux kilogrammes de graines répandues à la volée, que l'on recouvre à peine au moyen d'un châssis d'épines, et sur lesquelles on passe ensuite le rouleau, suffisent pour un hectare de terrain. Le pavot n'est attaqué par aucun insecte, mais il craint beaucoup les mauvaises herbes. On lui donne un premier binage aussitôt que les plants ont quatre ou cinq feuilles ; un second, quand ils commencent à monter en tiges; on les éclaircit en même temps, afin qu'ils soient éloignés les uns des autres de 20 à 25 centimètres; si ces deux binages ne suffisent pas, on en donne un troisième.

Il y a deux variétés de pavots cultivés : les *blancs*, dont les têtes restent fermées après la maturité; les *gris*, dont les têtes s'ouvrent. On les arrache ou on les coupe à la faux ou à la faucille dès que les têtes jaunissent; on les lie en gros faisceaux qu'on dresse et qu'on fait mûrir en cet état. Les blancs ne se coupent que mûrs; on sépare les têtes qu'on met dans des sacs; portées ensuite sur un grenier bien aéré où on les remue fréquemment, on les bat au fléau dès qu'elles sont sèches. Les blancs à grosses têtes se vendent aux pharmaciens ; on en laisse beaucoup moins quand on éclaircit.

Le produit moyen du pavot, par hectare, est de 15 hectolitres de graines, qui fournissent chacun 28 litres d'huile.

Les tiges ne peuvent être employées qu'à faire du fumier.

De toutes les céréales, l'*avoine* est la moins délicate sur la nature et la préparation du sol; c'est elle aussi qui exige le moins de soins durant sa végétation. Le revenu néanmoins n'est très-abondant que dans les terres riches et contenant beaucoup de restes végétaux. Pour cette raison, elle réussit parfaitement dans les défrichements de prairies naturelles ou artificielles, de pâturages, de bois, dans les mares et les étangs desséchés.

Elle mérite la préférence sur l'orge sous plusieurs

rapports : parce qu'elle supporte plus facilement la sécheresse ; parce qu'elle s'accommode mieux des terres fraîches et légères ; parce qu'elle fournit une plus grande quantité de produits à égalité d'engrais.

Il vaut mieux placer l'avoine après une plante sarclée, donner un labour avant ou durant l'hiver, puis recouvrir la semence au printemps par un hersage énergique. Néanmoins, beaucoup de cultivateurs la sèment après le blé et procèdent comme je viens de le dire ; c'est une faute, aussi bien que pour l'orge : ces deux céréales ont trop de rapport avec le blé et tirent par conséquent de la terre trop de substances semblables pour se bien nourrir après lui.

L'avoine d'hiver, qu'on sème en septembre en mettant de deux hectolitres et demi à trois hectolitres de graines par hectare, donne des produits plus abondants et de meilleure qualité que l'avoine de printemps.

Il existe plusieurs variétés d'avoine de printemps ; l'une, très-hâtive, à grains blancs ou à grains noirs, mûrit en juillet ou au commencement d'août. On en sème autant que d'orge ; on herse et on passe le rouleau. Si les mauvaises herbes l'envahissent, il est bon de herser encore quand elle est bien levée.

On doit couper l'avoine avant sa maturité et la laisser javeler pendant dix ou douze jours pour qu'elle reçoive quelques nuits la rosée : elle mûrit et se bat plus facilement ; on prétend même qu'elle gagne à recevoir pendant ce temps quelques ondées ; mais il paraît constant que si, dans ce cas, on gagne sur le grain, on perd sur la paille.

L'avoine se cultive principalement pour les animaux domestiques.

Dans les pays de montagnes, on fait, de sa farine, seule ou mêlée à celle de l'orge, du seigle ou du blé, un pain de couleur noire, indigeste et peu nourrissant. J'ai déjà dit que sa paille fournit une excellente litière ; on la fait aussi consommer par les bestiaux, et surtout par les moutons. Comme fourrage vert, c'est une excellente nourriture pour tous les bestiaux.

Au mois de *mars*, on continue à semer l'*avoine*, puis on sème le *trèfle rouge* et le *blanc*, la *luzerne*, la *lupuline*, le *sainfoin*, les *carottes fourragères*, les *betteraves*, les *pois*, les *vesces*, les *lentilles*, les *blés de printemps*, les *choux* et *rutabagas*, le *lin*, les *graines des prairies*.

On plâtre par un temps calme, ou le soir, après la pluie, les trèfles anciens, quand ils ont commencé à pousser ; on herse les blés d'hiver, on bine les colzas, on laboure par les temps secs.

De tous les fourrages artificiels, le *trèfle* est le plus répandu dans la grande culture. Presque tous les sols, excepté ceux qui sont extrêmement légers et pauvres, lui conviennent. On ne doit toutefois le ramener que tous les cinq ou six ans sur le même terrain. Après lui, la pomme de terre, l'avoine et le blé viennent très-bien. Sa meilleure place serait dans un blé ou dans un seigle, ou enfin dans une récolte de printemps qui aurait suivi des plantes sarclées et fumées. Il vient bien aussi dans le lin, dans le sarrasin, dans le colza d'hiver ou de printemps; on le recouvre, dans ce cas, par un binage. Quand on le met dans une céréale d'hiver, on herse d'abord fortement le terrain; on répand ensuite la semence qu'on recouvre avec une herse légère, ou seulement avec le rouleau. Si c'est dans une récolte de printemps, on sème et on recouvre celle-ci, puis on répand le trèfle qu'on herse de la même manière que précédemment. Par ce qui précède, mes amis, vous voyez que le trèfle ne demande ni labour ni fumure pour son propre compte, puisqu'il se sème toujours après une céréale.

La quantité de graine à employer pour un hectare est de 15 à 20 kilogrammes.

Le trèfle s'amende avec des cendres, de la suie, et aussi avec du plâtre, comme je l'ai déjà dit. Du purin, étendu de 2/3 d'eau, produit également d'excellents effets.

Le trèfle destiné à faire du foin se coupe lorsque toutes ses fleurs sont presque épanouies; or, comme ses feuilles, qui sont la meilleure partie du fourrage, tombent facilement quand il sèche et qu'on le remue on doit veiller à leur conservation, en retournant les andains deux ou trois fois dans la journée, en les mettant le soir en *chevrottes* ou petits tas qu'on se contente alors de retourner et d'aérer, jusqu'à ce qu'on puisse en faire des tas plus grands auxquels on donne également de l'air quand ils sont mouillés. Ces précautions, recommandées pour le trèfle, doivent être prises aussi pour la luzerne et pour toutes les plantes fourragères et légumineuses qu'on fait sécher.

J'ai dit que le trèfle est un des fourrages les plus répandus; je dis de plus qu'il est un des meilleurs. Un hectare produit de 2 à 3,000 kilogrammes de foin.

Si on veut le récolter pour la graine, on laisse mûrir la deuxième coupe dans les terrains les plus secs ; on attend, pour le faucher, que les têtes s'enlèvent facilement à la main, et la récolte reste en andains qu'on retourne jusqu'à ce qu'elle soit sèche. On bat au fléau, et on écrase les têtes sous une meule. Le produit des graines est de 150 à 200 kilogrammes.

Enfin, j'ajouterai qu'outre le rouge, il y a d'autres variétés de trèfles : le *blanc*, destiné surtout au pâturage des moutons ; il est vivace et dure, par conséquent, autant qu'on veut; l'*incarnat* ou *farouche*, très-hâtif et aimant les sols légers. Le trèfle incarnat se sème en automne et donne une coupe au commencement de mai. Comme son fourrage est moins bon que celui des autres trèfles, on le fait consommer en vert. Après sa récolte, on peut planter des pommes de terre ou repiquer des betteraves.

QUESTIONS: — Quels sont les travaux de février ? — Quels avantages retire-t-on de la culture de l'*orge*? — A quoi emploie-t-on cette céréale? — Quelle terre lui convient? — Combien y a-t-il de variétés d'orge?—Quelle quantité sème-t-on?—Quelles sont les conditions pour qu'elle réussisse? — Pourquoi cultive-t-on le *pavot*? — Après quelles récoltes se sème-t-il? — Combien de graine faut-il par hectare? — Quels soins réclame-t-il ? — N'y a-t-il pas plusieurs variétés de pavots? — Comment récolte-t-on les uns et les autres? — Quel est le produit par hectare? — L'*avoine* exige-t-elle un terrain riche? — Dans quelle circonstance produit-elle davantage? — A quelle récolte doit-elle succéder? — N'y en a-t-il pas d'hiver et de printemps? — Quelle quantité sème-t-on? — Quand et comment se récolte-t-elle? — A quoi emploie-t-on son grain, sa paille? — Quels sont les travaux de *mars*? — Parlez-nous de la culture du *trèfle*? — Des soins qu'il réclame? — De sa récolte, soit comme fourrage, soit pour sa graine? — N'y en a-t-il pas de plusieurs espèces? — Quelle quantité de graine emploie-t-on? — Quel est le produit? — Dites un mot du trèfle *incarnat*?

TRENTE ET UNIÈME LECTURE.

Suite des travaux de mars.

La *luzerne* est sans contredit la plus productive des plantes fourragères; mais c'est aussi la plus exigeante sur la nature du terrain : elle veut un sol riche, meuble, profond d'au moins 40 à 50 centimètres et exempt d'humidité, même dans ses couches inférieures. Pour cette raison, elle préfère les sous-sols calcaires. On la cultive néanmoins sur les sols légers et sablonneux, où elle donne encore des produits très-satisfaisants pourvu qu'on la herse après la coupe avec une herse en fer, afin de nettoyer les mauvaises herbes, de la sarcler, et surtout si on l'arrose avec du purin.

Comme elle dure plusieurs années, il faut la placer dans des circonstances convenables, donner au sol qui est destiné à la recevoir de la fertilité, un ameublissement, comme il est dit plus haut, une propreté parfaite. On évitera, ainsi que cela se pratique souvent, de la mettre sur une fumure fraîche; on la place plutôt après une récolte bien fumée. Le plâtre produit des résultats surprenants sur la luzerne, comme sur le trèfle. La luzerne se sème et se recouvre comme lui. De 20 à 25 kilogrammes de graines sont nécessaires par hectare. Elle ne doit jamais être mélangée avec le trèfle ni avec le sainfoin; car le premier étouffe la jeune plante, et le second, durant moins qu'elle, laisse le sol dégarni, et donne place ainsi aux mauvaises herbes.

Mais elle se sème, comme le trèfle, le plus souvent avec une céréale. Lorsque la luzerne est bien enracinée, il est bon de lui donner un bon hersage au printemps. Elle fournit ordinairement trois coupes par année, dans le nord; dans le midi, jusqu'à six coupes, si elle est arrosée.

Son produit, qui reçoit les mêmes soins que celui du trèfle, varie de 6 à 10,000 kilogrammes au moins par hectare. Dès que la majeure partie est en fleurs, on la fauche. Après cinq ou six ans, lorsqu'elle s'éclaircit, on rompt la luzerne, c'est-à-dire qu'on la défriche, et le terrain qui l'a portée n'en recevra plus avant cinq ou six ans. C'est sur la récolte qu'on veut rompre qu'on recueille les graines de luzerne : un hectare en donne de 4 à 500 kilogrammes. On fauche, dans ce cas, la première coupe un peu plus tôt, afin que que la seconde puisse mûrir.

La *lupuline* ou *minette douce* est une espèce de luzerne bisannuelle qui se mêle souvent au trèfle, et qui réussit mieux que lui dans les sols secs, pauvres et légers. Elle est propre aux pâturages. On la fauche aussi; mais elle ne donne qu'une coupe de fourrage, qui d'ailleurs est excellent. On la sème comme le trèfle, en répandant de 10 à 15 kilogrammes de graines par hectare. La lupuline, la luzerne et le trèfle rencontrent un ennemi mortel dans une plante nommée *cuscute*. Des agronomes recommandent, pour la faire disparaître, de couper près de terre la partie qui en est infestée, afin que la graine ne mûrisse pas, ou bien encore d'y répandre de la chaux vive.

Le *sainfoin* est aussi un fourrage très-précieux ; non-seulement il est excellent en lui-même, mais encore il croît dans les sols les plus pierreux et les plus arides, pourvu qu'ils soient de nature calcaire et exempts d'humidité stagnante. Il demande la même préparation de terrain que le trèfle, avec des labours plus profonds ; comme lui, sa graine, dont on met 4 à 5 hectolitres par hectare, avec son enveloppe, se répand durant toute la belle saison, soit seule, soit avec une céréale.

On ne coupe ordinairement le sainfoin qu'une fois et il dure trois ans. Il ne doit revenir sur le même terrain que trois ans après qu'il a été rompu.

Ce fourrage se récolte sec ; un hectare en produit de 3,000 à 3,500 kilogrammes, qu'on traite comme celui du trèfle.

On trouve difficilement dans le commerce une bonne semence de sainfoin, car elle perd promptement sa propriété germinatrice. Le cultivateur l'achètera donc de personnes sûres, ou mieux, la récoltera lui-même. C'est sur le sainfoin à défricher qu'on la recueille à la main, quand elle est bien mûre. Un hectare en donne de 10 à 15 hectolitres.

Je vous ai parlé, mes amis, de la culture de la *carotte* dans le jardin. On cultive aussi en grand, pour ses racines et pour ses fanes, la *carotte blanche à collet vert*, la *jaune* commune et la *rouge*. Aucune racine n'offre plus d'utilité que celle-ci pour l'alimentation du bétail de toute espèce. Les chevaux la préfèrent à toute autre ; les vaches laitières s'en trouvent très-bien : elle a de plus la propriété de donner au beurre une belle couleur jaune, et se conserve avec toutes ses qualités jusqu'au mois d'avril. Mais elle demande un sol meuble, profond et riche ; elle préfère les terres franches, mais prospère très-convenablement dans les terrains argileux et sablonneux.

Le premier labour doit être profond ; les suivants, si on en donne plusieurs, ne sont que superficiels. On la met ordinairement après une récolte bien fumée. C'est sur cette récolte qu'il faut appliquer la fumure, parce que les mauvaises herbes, provenant des graines qui se trouvent dans les engrais, seront détruites par les sarclages qu'exige la carotte.

Il faut 2 ou 3 kilogrammes de graines par hectare. On sème en lignes, et aussitôt qu'on peut distinguer les jeunes plants des mauvaises herbes, on donne un binage à la main, qu'on réitère quelquefois en ne laissant des plants qu'à 20 ou 25 centimètres. On emploie aussi pour cela la houe à cheval, dès que les lignes sont bien dessinées et que le besoin de nettoyer la terre des mauvaises herbes, ou de l'ameublir, se fait sentir. Néanmoins, la houe est d'un emploi difficile pour cette plante, parce qu'elle se casse au moindre contact et se trouve perdue.

On cultive souvent la carotte en récolte *dérobée*, c'est-à-dire dans un sol déjà occupé par une autre plante, comme le lin, le colza d'hiver ou une céréale d'hiver. On répand alors sa graine à raison de 5 ou 6 kilogrammes par hectare, en la mélangeant avec du sable bien sec, comme cela doit se faire pour toutes les graines fines.

Dès que la première récolte est enlevée, on donne plusieurs forts hersages en long et en travers. Après avoir ainsi arraché les chaumes et les mauvaises herbes, on les enlève. Huit ou dix jours après, lorsque les carottes sont bien levées, on donne un binage soigné à la main, et on éclaircit de manière à n'en laisser qu'à 20 ou 25 centimètres de distance.

La récolte se fait dans le courant d'octobre. On conserve la carotte comme nous l'indiquerons plus loin pour la betterave et la pomme de terre.

Une céréale d'hiver ou de printemps peut suivre la carotte. Le produit d'un hectare est de 3 à 400 hectolitres de racines, quand la carotte est récoltée seule. En récolte dérobée, il n'est que de 200 hectolitres. La racine se coupe menue pour être donnée aux bestiaux.

Les silos où elle se conserve, et dont je parlerai plus tard, ne doivent avoir qu'un mètre de largeur.

Chacun sait les avantages immenses que présente la culture de la *betterave*, soit pour la nourriture du bétail, soit pour la fabrication du sucre et de l'alcool.

Les principales variétés sont : la *rose* ou de *disette*, qui croît en partie hors de terre, et la *blanche de Silésie* ou betterave *à sucre*. Quoique cette dernière produise moins en apparence, elle est préférable à la première, car elle se conserve plus longtemps et plus facilement; elle est plus nutritive, plus sucrée, enfin elle craint moins la sécheresse et la gelée.

On lui fait suivre une récolte de printemps, et on met après elle une céréale d'hiver, quand le sol est débarrassé à temps.

La betterave réussit dans tous les terrains, à condition d'une bonne fumure. Elle se plaît surtout dans une terre meuble et fertile. On la sème en place ou en pépinière pour être repiquée. Dans ce dernier cas, on forme des raies espacées de 10 à 15 centimètres, dans lesquelles on laisse tomber 20 à 25 graines par mètre de longueur. Le repiquage, qui convient surtout dans les terres blanches se battant fortement par les pluies, doit recevoir une bonne préparation, et se fait quand le plant a atteint la grosseur du petit doigt. Les feuilles sont alors coupées de 8 à 10 centimètres au-dessus du collet, et la racine retranchée, afin qu'elle ne se replie pas dans le trou. L'arrosage n'est pas nécessaire; mais il serait très-utile s'il n'était pas difficile de le pratiquer sur une grande surface.

Le semis en place, qu'on peut prolonger jusqu'à la fin d'avril, se fait également en lignes de 70 à 80 centimètres de distance, en jetant 8 à 10 grains par mètre de longueur.

Dès que les feuilles ont 3 ou 4 centimètres, on

bine une première fois ; 15 jours ou 3 semaines après on recommence, et, à chaque fois, on éclaircit de manière que les plants soient distants de 25 à 30 centimètres, suivant la richesse du sol.

On arrache en octobre. Si on a semé en lignes, quelques auteurs conseillent d'employer la charrue dépourvue de versoir, qu'on fait piquer par dessous les plantes; elle les soulève et il ne reste plus qu'à les retirer à la main. Après avoir ôté la terre et coupé les feuilles qu'on donne au bétail, on les rentre quand elles ont été séchées à l'ombre, et non au soleil.

Le produit d'un hectare de terrain est de 30 à 40 mille kilogrammes ; on les conserve dans des silos.

Les betteraves destinées à porter graines se replantent vers la fin de mars de l'année suivante. Il faut les choisir de grosseur passable et bien faites, les espacer d'environ 1 mètre 25 centimètres en tous sens, et les sarcler avec le plus grand soin. Quand les tiges sont hautes, on les lie à des échalas plantés pour les soutenir; on récolte à mesure que les graines mûrissent, et on les rentre bien séchées.

Quelques cultivateurs enlèvent une grande partie des feuilles de betteraves avant de les arracher, pour les donner aux bestiaux. Je crois qu'ils ont tort, car tous les végétaux se nourrissent par leurs feuilles aussi bien que par leurs racines ; leur enlever des organes nécessaires à leur nutrition, c'est évidemment compromettre leur développement.

Nous conseillons donc de ne faire disparaître que les feuilles qui tendent à se casser ou qui se pourrissent à cause de leur voisinage de la terre humide.

Les *lentilles* sont regardées comme le plus délicat des légumes secs ; c'est le plus nourrissant, et il se vend toujours à un prix élevé. Mais leur culture est peu avantageuse, car elle est peu productive. On en cultive deux espèces : la grande, connue sous le nom de *lentille de Gallardon* (Eure-et-Loir), et la petite, ou *lentille à la reine*. Les lentilles réussissent dans les mêmes circonstances, et demandent la même culture que les pois. Elles aiment surtout un sol de consistance moyenne ; elles viennent cependant dans les sols argileux, calcaires, bien ameublis au printemps, par un labour donné en automne ou en hiver. Elles demandent des binages soignés durant leur croissance. La semaille en lignes est la meilleure ; **60 à 80** litres suffisent par hectare. Lorsqu'on sème à la volée, on répand à raison de 2 hectolitres par hectare. Quand on mélange la graine avec de l'avoine, 1 hectolitre suffit avec un hectolitre d'avoine : la maturité des deux a lieu en même temps ; la récolte, le battage se font ensemble ; on sépare par le crible. Dès que les gousses prennent une teinte noirâtre, on arrache et on laisse sécher par petits tas qu'on retourne lorsque le besoin se fait sentir.

Le produit moyen est de 15 à 18 hectolitres par hectare ; la paille des lentilles équivaut à un foin de bonne qualité.

QUESTIONS : Qu'est-ce que la *luzerne* ? Quels terrains exige-t-elle ? — Comment le prépare-t-on ? — Comment se sème-t-elle ? — Quelle est la quantité de semence exigée ? — Quels soins demande-t-elle? — Quand la fauche-t-on, et quel est son produit? — Quand doit-on la *rompre* et récolter la graine? — Qu'est-ce que la *lupuline*? — Quel parti en tire-t-on? — Comment se sème-t-elle? — Qu'est-ce que la *cuscute* et comment la détruit-on? — Qu'est-ce que le *sainfoin*? — Quelle est sa culture; la manière de le semer; son produit; le moyen sûr de se procurer la graine?-Quelles sont les variétés de *carottes* cultivées? — Quel parti en tire-t-on? — Quel sol exigent-elles? — Quelle est sa préparation?—Quelle quantité de semence?—Quels soins réclament-elles? — Ne la cultive-t-on pas en *récolte dérobée* et comment procède-t-on? — Quel est le produit? — Comment le conserve-t-on? — A quoi servent les *betteraves*? — Quelles sont les variétés cultivées? — Quelle récolte suivent-elles? — Quel terrain leur convient?— Quelle est leur culture? — Quels soins leur donne-t-on, et comment se fait la récolte? — Quel est le produit par hectare? — Comment obtient-on les semences?— Est-il prudent de couper les feuilles avant la récolte?—Parlez-nous des qualités de la *lentille* et des terrains dans lesquels elle réussit? — De la quantité de semence nécessaire; de sa récolte? — Du produit?

TRENTE-DEUXIÈME LECTURE.

Suite des travaux de mars.

Le *chou cavalier*, le *chou branchu du Poitou* et différentes autres espèces qui ne pomment pas sont cultivés pour la nourriture du bétail. Ils sont tous d'une grande ressource pendant l'hiver, et à la fin de l'automne. Les terres franches, bien fumées, bien binées pendant la croissance, leur conviennent. Ils craignent la sécheresse et les grands froids. La semaille a lieu en mars, et on repique en mai. Deux cent cinquante grammes de graines donnent, pour une exploitation de quelque importance, des plants en assez grande quantité pour le repiquage.

Il se fait sur un labour frais, par un temps humide, si l'on ne veut pas être obligé d'arroser, ce qui serait long et coûteux. On espace les lignes de 50 à 60 centimètres, et les plants de 60 à 70.

En octobre et en novembre, on commence à récolter les feuilles du bas, et on continue jusqu'au printemps de la seconde année, époque à laquelle les choux montent en graines. On ne conserve alors que les tiges qu'on veut laisser mûrir; les autres sont coupées et données au bétail.

Le *rutabaga* ou *chou-navet*, comme on l'appelle en certains endroits, se sème en pépinière pendant ce mois, et se transplante à la fin de mai, s'il doit être consommé avant l'hiver; mais si on ne le veut consommer qu'en février, en mars ou en avril suivants, on ne le sème qu'à la fin d'avril pour le repiquer en juin à 40 ou 50 centimètres de distance.

Ce végétal, qui est loin d'être assez connu, pourra rendre les plus grands services pour l'alimentation de l'homme et des animaux ; sa racine ne gèle que lorsque les froids sont très-rigoureux et très-prolongés. Nous avons, sur un terrain de bonne qualité et bien fumé, repiqué le chou-navet entre des lignes de maïs, sur une surface de 8 ares. Nous avons récolté 1,600 pieds, dont le plus grand nombre pesaient de 500 à 1,000 grammes. Il s'en trouvait même de 12 à 1,500 grammes.

Le *lin* demande une terre franche, plutôt sableuse qu'argileuse, contenant beaucoup de substances nutritives, et qui doit avoir été profondément ameublie et richement fumée par les récoltes précédentes. Il y a beaucoup d'inconvénients à répandre des engrais pour cette semaille, à moins qu'ils ne soient en poudre et distribués très-également.

Le lin réussit très-bien sur un seul labour, donné avant ou après l'hiver dans des bois défrichés, sur un pré ou un trèfle rompu, ou dans un marais assaini, pourvu toutefois que le sol soit propre et très-riche. Dans tout autre cas, deux ou trois labours préparatoires sont nécessaires. Sa meilleure place est après une récolte javelée. Il ne doit revenir sur le même terrain qu'après six ou huit ans.

On sème le lin à la volée, par un temps couvert : deux ou trois hectolitres sont nécessaires par hectare ; on recouvre avec une herse légère et le rouleau. Il est bon que ces deux opérations se fassent à bras d'homme. On peut semer des fèves avec le lin, pour l'empêcher de tomber.

Il exige deux binages soignés pendant sa croissance, et les ouvriers qui les donnent doivent marcher pieds nus, afin de moins écraser les jeunes tiges.

Le trèfle, la luzerne, la carotte réussissent parfaitement dans le lin. La carotte surtout peut produire une récolte dérobée très-profitable.

Pour avoir de belle filasse, on arrache le lin dès que la graine est bien formée dans la capsule.

On attendra que la graine soit bien mûre, si elle doit servir de semence, ou pour faire de l'huile. La maturité se reconnaît à la couleur café au lait du grain. Le lin se dresse comme le sarrasin pour être séché ; il se bat sur un billot au moyen d'un morceau de bois qui frappe sur les têtes ; ensuite on fait rouir la tige.

On pratique deux modes de rouissage : tantôt on place le lin pendant quelques jours dans des fosses remplies d'eau ; tantôt on l'étend sur l'herbe en couches minces que l'on retourne de temps en temps. On reconnaît que le rouissage est terminé, quand les tiges se brisent facilement et que la filasse se détache bien.

Le rouissage dans l'eau est le plus prompt, et donne une filasse plus blanche ; mais il faut saisir le moment convenable pour retirer le lin ; un jour de trop, une partie de la récolte serait perdue. Le rouissage sur l'herbe est plus long, mais plus sûr ; la filasse alors est grise.

Quelques personnes adoptent une méthode mixte ; elles commencent le rouissage dans l'eau et le finissent sur le pré. Dans tous les cas, après cette opération, on fait sécher le lin, et on le teille au moyen d'un instrument appelé *broie*, pour séparer la filasse, qui est ensuite peignée et filée.

Le produit par hectare est de 4 à 800 kilogrammes de filasse nettoyée, et en graines, de 10 à 25 hectolitres.

C'est aussi en mars qu'on sème les graines des prairies naturelles.

Lorsqu'on veut transformer une terre en pré, et que le sol n'est pas assez riche naturellement, il est nécessaire de l'amener par des engrais à un bon état de fertilité, et de le débarrasser complétement des plantes nuisibles par des récoltes sarclées ; enfin, de le niveler; si la prairie doit être soumise à l'arrosement. A cette époque de l'année, une prairie se sème avec une céréale ; une prairie seule se sème au mois de septembre.

Dans tous les cas, on doit mélanger les graminées avec les légumineuses. On choisira parmi les premières : *l'ivraie vivace* ou *ray-grass*, le *froment* ou *avoine élevée*, les *fétuques*, le *paturin*, la *flouve odorante*, le *vulpin*, etc. ; parmi les légumineuses : les *trèfles*, les *lotiers*, les *luzernes*, les *vesces*, etc. Il faut, autant que possible, prendre des plantes qui mûrissent en même temps, si l'on veut obtenir des foins de bonne qualité ; si, au contraire, la prairie doit être pâturée, les plantes doivent être choisies de manière qu'elles présentent en tout temps de la nourriture au bétail, et pour cela, que leur croissance se fasse à diverses époques. Ainsi, on mêlera les plantes de printemps à celles d'été, celles qui résistent aux sécheresses avec celles qui ne poussent que par l'effet des pluies du printemps et de l'automne.

Au premier rang des céréales se place le *blé* ou *froment*. Sa graine, dont on réserve le son pour la nourriture des animaux de basse-cour, et dont la farine fournit le meilleur pain connu, est considérée comme le plus riche produit de la terre. Il y a plusieurs espèces de blé : les unes sont d'hiver ou de printemps ; les autres se sèment avec succès soit en automne, soit en mars ; il y a des blés avec *barbes* et *sans barbes* ; il y a enfin des blés *blancs*, des blés *rouges* et même des blés *bleus*.

Les blancs et les bleus donnent la meilleure farine, réussissent dans les terrains légers où ne prospèrent pas aussi bien les blés rouges, mais s'égrènent plus facilement.

Le blé barbu donne une farine inférieure, mais ses tiges fortes l'empêchent de verser ; il est aussi moins sujet à la maladie appelée la *rouille*.

En général, tous les blés prospèrent mieux dans les terres compactes et calcaires que dans les sols légers ; ils ne demandent pas une terre trop meuble.

Le blé de *Noé* ou blé bleu, ainsi nommé à cause de la couleur de sa tige avant la maturité, est, selon moi, une des meilleures variétés de blé sans barbes. Il est à la fois d'automne et de printemps : sa tige forte et peu élevée l'empêche de verser ; son grain donne une farine d'une blancheur sans égale, et il *talle* beaucoup. Très-cultivé dans la Beauce, je l'ai importé dans la Bourgogne, et, depuis quelques années, plusieurs centaines de cultivateurs à qui j'en ai vendu, le cultivent en grand avec avantage. Plusieurs ont obtenu, pour cette culture, des primes à différents concours agricoles.

J'en sème chaque année dans un bon sol : trois litres me suffisent pour quatre ares, en le semant en lignes, et mettant un ou deux grains seulement à 10 ou 15 centimètres de distance ; le produit est de 170 à 180 litres pour cette superficie ; à la volée, douze litres produisent le même résultat.

Les frais de semis en lignes sont, il est vrai, plus considérables, si l'on ne possède pas des *rayonneurs* ou des *semoirs* ; mais l'économie sur la semence, la facilité qu'on a pour donner des soins de propreté à la récolte sur pied, peuvent les compenser en partie. Au reste, ce travail peut être fait par des femmes et des enfants, surtout en automne, époque à laquelle les travaux du dehors sont moins impérieux.

Les blés peuvent succéder à un beau trèfle, aux colzas, aux fèves, aux pois, aux vesces fauchées en vert et dont le sol a été labouré de suite.

Un seul labour profond peut suffire. Si l'on en donne plus d'un, il en faut trois, car; le second ramènerait à la surface des chaumes qu'il est bon d'enterrer. Après les racines, à moins qu'elles n'aient été recueillies de bonne heure, le blé réussira moins bien. Il vient ordinairement mal après une autre céréale, excepté après une avoine hâtive qui aurait été faite sur un trèfle rompu ou sur une luzerne également défrichée. Après lui-même, le froment ne produit qu'une médiocre récolte ; on ne doit donc jamais en semer deux fois de suite sur le même sol.

La quantité de semence par hectare, à la volée, varie de 150 à 200 litres ; la moitié peut suffire si l'on sème en lignes. On doit la répandre sur un bon labour et la recouvrir de 5 à 8 centimètres avec la herse ou l'extirpateur.

Un hersage au printemps est très-profitable au blé d'hiver, je l'ai déjà dit à l'occasion d'autres céréales; on passe le rouleau, s'il a été soulevé par les gelées.

Le produit en graines d'un hectare peut s'élever

de 10 à 30 hectolitres, selon la bonté du sol et les soins qu'il a reçus. Le produit en paille varie de 1,500 à 5,000 kilogrammes.

L'humidité du sol, une fumure fraîche et une semaille épaisse font pousser plus de paille que de grains.

Le blé de printemps, qui se sème plus épais que le blé d'hiver, est généralement moins productif en grains et en paille, et il est plus sujet à la rouille et au charbon ; mais il offre une grande ressource pour le remplacement de ceux d'automne, lorsque ceux-ci ont été détruits par un hiver trop rigoureux.

Dans les travaux de juillet et d'août, je vous indiquerai, mes amis, les soins à prendre pour la moisson ou récolte des céréales.

Voici quelle préparation il faut faire subir au blé avant de le confier à la terre, si on ne veut pas l'exposer à différentes maladies auxquelles il est sujet et si l'on veut éloigner du grain certains insectes qui s'en nourrissent dans la terre.

L'une des préparations adoptées par les cultivateurs consiste à disposer en tas le blé qu'on veut semer, et à l'arroser, en le remuant avec soin pour que chacun des grains soit mouillé, d'un lait de chaux vive qu'on a fait fuser dans l'eau. Après cela, on réunit le blé et on le couvre d'une toile ou d'un sac.

On emploie aussi une espèce de sel qu'on nomme *sulfate de soude* et qu'on trouve chez tous les droguistes (1).

---

(1) Nous ne parlons pas du *sulfate de cuivre*, poison violent dont l'emploi, fréquent cependant, pourrait entraîner des accidents graves, si des précautions n'étaient pas prises.

On en fait dissoudre 90 grammes par litre d'eau; quand cette substance est fondue, on s'en sert comme de l'eau de chaux. Dans les deux cas, on ne sème que le lendemain le blé ainsi préparé; car il faut que les grains soient un peu ressuyés pour pouvoir être répandus avec facilité.

Dans les mois pluvieux de novembre, de décembre et même de janvier, les limaces détruisent souvent les jeunes pousses de blé.

Le meilleur moyen de les détruire, nous l'avons déjà éprouvé plusieurs fois, c'est de répandre sur le champ, à la nuit et le plus également possible, de la poussière de chaux éteinte à l'air. Toute limace touchée par la chaux meurt à l'instant.

QUESTIONS: Pour quel usage cultive-t-on le *chou cavalier* et le *chou branchu?*—Quel terrain leur convient et quand les sème-t-on? — Quel moment convient pour le repiquage et quand récolte-t-on? — Quand se sème le *rutabaga?* — A quoi l'utilise-t-on?—Quelle terre convient au *lin?* — Comment le sème-t-on? — Quels soins réclame-t-il? — Quelle récolte place-t-on après lui? — Quand l'arrache-t-on? — Comment se fait le *rouissage?* — Comment se teille-t-il et quel est le produit par hectare? — Quand sème-t-on les graines des *prairies naturelles*, et comment transforme-t-on une terre en pré? — Quelles sont les graines qu'il convient de semer? — Quelle est la première des céréales? — N'y a-t-il pas plusieurs variétés de blé? — Dans quelles terres prospèrent les blés? — Dites ce que vous savez du blé dit de *Noé?* — Le blé ne pourrait-il pas se semer en lignes? — A quelle récolte peut succéder le blé et quels labours exige-t-il? — Quelle quantité de grain faut-il par hectare, si l'on sème à la volée; en lignes? — Quel est le produit? — Quelle préparation fait-on subir au blé avant de le semer? — Comment parvient-on à détruire les limaces?

TRENTE-TROISIÈME LECTURE.

Travaux du mois d'Avril.

Au mois d'*avril*, on sarcle les navets, les pavots, les pépinières de choux, de rutabagas; on herse l'avoine et l'orge d'hiver; on bine les fèves et le blé d'hiver, dans lequel ont poussé de mauvaises herbes; on passe le rouleau sur ceux dont les gelées ont déchaussé les plants. Ce dernier travail a même pu être fait en mars.

On sème l'orge de printemps, le *maïs*, le *sorgho*; on plante les pommes de terre, dont une partie d'ailleurs, selon les climats, a dû déjà être plantée en mars. Enfin, on peut continuer de semer des vesces, ainsi que les prairies temporaires, si le mois précédent ne l'a pas permis.

Le *maïs* nous est venu d'Amérique; c'est donc à tort qu'on l'appelle *blé de Turquie*.

Sa graine est d'une grande ressource pour les populations qui le cultivent; elle sert à nourrir et à engraisser les volailles; séchée au four et moulue, elle donne une farine avec laquelle les habitants des campagnes de l'est et du centre de la France font une bouillie agréable et nutritive, nommée *gaude*. On mêle même cette farine avec celle du blé pour faire du pain. Dans quelques parties de l'ancienne Bresse (Ain), on fabrique du pain d'assez bonne qualité avec un tiers de farine de maïs, un tiers de farine de seigle, un tiers de farine de blé.

Enfin, avec le maïs, on prépare des produits imitant le riz, des semoules, de l'amidon et même des liqueurs.

Dans les parties du territoire où le maïs n'arrive pas à maturité, on le sème pour le couper en vert et le donner aux bœufs et aux vaches; le lait de ces dernières n'en est que meilleur et plus abondant. Même quand le maïs est récolté pour les épis, la paille coupée au lieu d'être arrachée, réunie en petits fagots, puis taillée en morceaux et écrasée, se donne aux bestiaux comme supplément de nourriture. Mais elle ne peut pas être employée comme engrais, sa décomposition étant très-lente, même dans les composts. Brûlée, comme cela se fait dans certaines localités, elle ne donne en cendres qu'un produit insignifiant, et dure trop peu pour servir à la cuisine de la ferme.

On cultive plusieurs variétés de maïs. Les uns sont à hautes tiges et à gros grains; d'autres sont à tiges moyennes; d'autres à tiges et à grains petits. Il y a aussi du maïs à grains blancs, jaunes, rouges plus ou moins foncés, cendrés, etc.

Les maïs à hautes tiges ne prospèrent bien que dans les départements situés au sud de la Loire. Au nord de ce fleuve, on cultive les maïs à tiges moyennes ou petites, qui reçoivent le nom de *cinquantains* ou de *quarantains*, parce qu'en 40 ou 50 jours, dans les climats très-chauds, ils peuvent arriver à maturité. Ils produisent un peu moins de grains que les précédents; mais la farine qui en provient est plus délicate et plus estimée. J'ai récolté cependant 1,500 beaux épis de quarantains dans quatre ares de bon terrain. Un sol chaud, riche et meuble est celui qui convient le mieux au maïs. L'humidité faisant pourrir les grains, ils doivent être semés en lignes et enterrés par un temps sec et sûr. Les lignes de maïs à hautes tiges seront éloignées les unes des autres de 60 à 70 centimètres; celles des quarantains, de 40 à 50 centimètres. On met deux ou trois grains dans la raie. Quand on ne sème le maïs que pour fourrage vert, on répand la graine à la volée, à raison de 100 à 150 litres par hectare.

Le maïs se plaît bien après une récolte sarclée; peu de jours après qu'il est levé, mais par un très-beau temps, on sarcle au moyen de la houe à la main; on sarcle encore plusieurs fois, si c'est possible, pendant le développement du végétal. Enfin on butte fortement au moment de la formation de l'épi. Lors de chaque sarclage, on éclaircit; mais, comme beaucoup d'insectes sont ennemis des jeunes plants, et pourraient en détruire une partie, on n'éclaircit complétement qu'au moment du buttage, époque à laquelle on enlève aussi tous les jets de la tige qui ne portent pas d'épis. Il est bien entendu qu'on ne doit laisser qu'une seule tige.

Pour hâter la maturité, et quelques jours avant la récolte, des cultivateurs coupent l'extrémité de la plante, ou la déchaussent en abattant les buttes.

Je vous ai dit plus haut, mes amis, que j'avais obtenu de belles récoltes de choux-navets repiqués dans des maïs; on peut encore y mettre, en récolte dérobée, des courges et même des choux.

On reconnait que le maïs est mûr quand son enveloppe est sèche et l'épi un peu dur. On commence alors la récolte en détachant, à la main, chaque épi; on les transporte dans un lieu sec, bien aéré, et on ne les laisse pas entassés trop longtemps, pour qu'ils ne pourrissent pas. Les jours de pluie, ou pendant la veillée, on casse les bouts de la tige adhérente, et on découvre les épis en ne laissant que quelques feuilles à chacun d'eux. Au moyen de ces feuilles, on les réunit en faisceaux de 8 à 10, qu'on place sur des perches dans les greniers, ou qu'on pend à l'extérieur des habitations, comme cela se pratique dans la Bresse.

La paille est utilisée pour faire des paillasses.

Le *sorgho*, dont il y a plusieurs variétés, est une plante connue depuis longtemps, et cultivée, soit pour sa graine dont les volailles sont très-friandes, soit pour ses tiges dont on fait des balais.

Mais on a importé de Chine en France, depuis quelques années, une variété de sorgho appelée *sorgho à sucre*, renfermant, après la formation des épis, une grande quantité de sucre qu'on peut extraire facilement. Ses tiges, coupées en morceaux de 20 à 30 centimètres, écrasées et renfermées dans une futaille qu'on remplit à peu près d'eau, en ajoutant quelques poignées d'orge, donnent une boisson agréable après quelque temps de fermentation. Sa graine est consommée avec autant d'avidité par les volailles que celle des sorghos déjà connus.

Cette nouvelle plante, qui pourra rendre de grands services, demande les mêmes climats, les mêmes terrains, la même préparation, les mêmes soins que le maïs.

Seulement, dans les lignes, on ne peut placer les grains qu'à 35 ou 40 centimètres de distance.

Dans les contrées du nord où il ne mûrirait pas, on en fait, comme des autres sorghos, de précieuses récoltes en vert; car sa paille est abondante, et donne au lait des vaches une qualité supérieure.

Sa graine est aussi extrêmement abondante : 350 tiges m'en ont produit, en 1857, plus de 50 litres. Elles s'étaient cependant très-peu développées; car j'avais semé trop dru sur des ados d'asperges.

Il me reste maintenant, mes amis, à vous dire quelques mots de la culture de la pomme de terre. Ce tubercule, connu de tout le monde, est précieux pour toutes les populations; dans les années où les grains manquent, il les remplace, et il n'y a point de disette possible dans le pays où on le cultive. C'est un pain tout fait pour l'homme, et donné aux bestiaux, plutôt cuit que cru, il les engraisse. Dans quelques contrées, la pomme de terre sert à faire de l'alcool ou de l'eau-de-vie de mauvaise qualité ; partout on en retire une farine appelée *fécule*, très-employée dans les arts et dans la cuisine.

Tous les terrains lui sont bons, pourvu qu'ils ne soient ni trop argileux, ni marécageux. Il lui faut une culture profonde (de 35 à 35 centimètres), beaucoup de fumier pailleux dans les sols humides, beaucoup de fumier gras dans les terres sèches.

Les pommes de terre se plaisent mieux néanmoins et sont de meilleure qualité dans les sols légers, non de plaines, mais de montagnes, qu'on ne laboure qu'au printemps; les terres argileuses doivent être labourées avant l'hiver, autant que possible.

Quand on plante de grandes quantités de pommes de terre, on les dépose dans la terre après le passage de la charrue, et en suivant les lignes qu'elle a tracées. On espace les tubercules de 70 à 80 centimètres. Après la semaille, on donne un coup de herse, on butte avec une sorte de charrue nommée *buttoir*; on sarcle avec la houe à cheval. Si vous n'en récoltez que pour l'usage de la ferme, je vous conseille de les planter plutôt à l'aide du cordeau, en lignes de 40 à 45 centimètres de distance : les sarclages et les buttages se feront alors à la main.

Ne reculez pas devant ces travaux; car il faut que le champ de pommes de terre soit très-propre durant la végétation.

On prétend qu'il ne faut pas planter les petites pommes de terre ; j'ai fait des essais moi-même plusieurs fois, et j'ai obtenu à peu près le même produit qu'en choisissant des moyennes et des morceaux de gros tubercules ayant un ou deux yeux.

Dans quelques parties de la Suisse, on se contente de mettre en terre des pelures de pommes de terre avec un œil ou deux, et les produits sont abondants.

Quand on coupe les pommes de terre, il faut que ce soit plusieurs jours avant de les planter; sans cela elles pourriraient ou lèveraient inégalement. Que les tronçons aient aussi des germes vigoureux.

Pour éviter la maladie qui a causé tant de ravages depuis quelques années, on a fait des semis. Je crois ce moyen excellent ; je l'ai pratiqué et j'ai obtenu des variétés précoces et de bonne qualité. Croiriez-vous que les petites graines renfermées dans les boules que portent les fanes après la fleur, et semées, donnent, la première année, des tubercules plus gros que des noix et qui ont toute leur grosseur la deuxième année ? J'ai même vu fleurir quelques pieds dès la première année. C'est par ces semis qu'on a obtenu des variétés nouvelles fort recherchées aujourd'hui. La pomme de terre *Chardon*, entre autres, est très-productive. En 1857, j'en ai récolté, pour 75 litres plantés, près de 24 hectolitres, et les tubercules pesaient en moyenne de 350 à 500 grammes.

La récolte des pommes de terre se fait à la houe à main par un temps sec. Après avoir terminé l'arrachage d'un carré, on passe la herse pour ramener à la surface celles qui ont été oubliées. On les fait ensuite ressuyer à l'abri du soleil, et on les rentre dans les caves, ou on les place dans des silos. Le terrain qu'elles occupaient peut recevoir une semence d'automne, sans autre culture.

Voici comment on établit les *silos* : on creuse, dans un terrain bien sec, une fosse de 1 mètre 50 centimètres de largeur sur 30 à 40 centimètres de profondeur, et d'une longueur indéterminée ; on la remplit de racines ou tubercules qu'on amoncèle jusqu'au-dessus du niveau du sol, en forme de toit ; on recouvre d'une légère couche de paille : puis on creuse, le long du silo et des deux côtés, un fossé assez profond pour que la terre qui en provient couvre les racines d'au moins 40 centimètres. Cette terre se bat avec soin, afin que l'eau des pluies coule parfaitement le long des pentes. On peut même établir des soupiraux avec des tuiles creuses; mais on les bouche avec de la paille avant les grands froids. On conserve dans ces silos les récoltes intactes pendant l'hiver.

QUESTIONS : Quels sont les travaux du mois d'avril? — D'où nous est venu le *maïs* et quelle est l'utilité de son grain? — Ne l'emploie-t-on pas aussi comme fourrage? — N'y a-t-il pas plusieurs variétés de maïs? — Faites-les connaître? — Quel sol lui convient et après quelles récoltes vient-il bien? — Quels soins réclame-t-il pendant sa végétation? — Ne peut-on pas placer d'autres récoltes dans les champs de maïs? — Comment s'en fait la récolte? — Qu'est-ce que le *sorgho*? — Quel est le parti qu'on tire du sorgho *sucré*? — Quel climat et quel terrain conviennent au sorgho? — Quels soins réclame-t-il? — La culture de la *pomme de terre* ne présente-t-elle pas de grands avantages? — Quels terrains lui conviennent? — Comment la plante-t-on? — Les petits tubercules produisent-ils autant que des morceaux de gros? — Doit-on planter ceux-ci aussitôt après les avoir coupés? — N'est-il pas bon de renouveler la pomme de terre par des semis? — Comment se fait la récolte de la pomme de terre? — Comment la conserve-t-on? — Comment établit-on les *silos*?

TRENTE-QUATRIÈME LECTURE.

Travaux des mois de Mai et de Juin.

Durant le mois de *mai*, vous devez, mes amis, vous occuper surtout à donner des soins aux récoltes déjà développées. Ne laissez pas envahir vos blés par les chardons ; transplantez les choux, les rutabagas, les betteraves qui sont en pépinière ; semez sur place les graines de ces mêmes plantes ; semez aussi les vesces, le maïs, le sorgho, si cela ne vous a pas été possible en avril ; coupez les vesces d'hiver pour la nourriture de vos vaches à l'étable ; plâtrez les plantes fourragères artificielles ; semez le colza de printemps et enfin le *chanvre*, le *millet*, les *haricots*.

Le *chanvre* donne une filasse plus forte et plus abondante que le lin, mais moins fine. On extrait de ses graines, je l'ai déjà dit, une bonne huile employée à l'éclairage, à la peinture, à la fabrication des savons : les tourteaux qui en proviennent sont d'assez mauvaise qualité.

Le chanvre demande une terre franche, plutôt argileuse que sableuse, contenant beaucoup d'humus, ameublie par trois ou quatre profonds labours, et abondamment fumée. C'est ordinairement à la bêche que se font les labours de la chènevière. Il est bon de semer le chanvre par planches de 2 mètres à 2 mètres 50 et de laisser des rigoles par lesquelles on puisse passer. Les étangs desséchés, les marais, les bas-fonds égouttés, et toutes les terres trop riches pour d'autres plantes, conviennent au chanvre ; il ne réussit presque jamais aussi bien après une autre récolte qu'après lui-même ou quand il revient sur le même sol tous les deux ans. Aussi a-t-on toujours près de l'habitation, des terrains qui lui sont spécialement consacrés.

Une bonne méthode qui empêche la terre de se

dessécher et d'être battue par les pluies, consiste à enterrer, soit par le second, soit par le dernier labour, la moitié du fumier qu'on lui destine ; l'autre moitié se répand à la surface, après le hersage qui recouvre la semence ; on a eu soin de plus de la répandre autant que possible après une pluie abondante, mais pourtant quand la terre est ressuyée. La quantité de graine nécessaire pour un hectare est de 3 à 4 hectolitres. Aussitôt qu'on l'a semée, il est prudent d'écarter les oiseaux par des épouvantails; car ils la mangeraient, même après qu'elle serait levée.

On ne bine pas le chanvre; s'il vient bien, il ne permettra à aucune mauvaise herbe de pousser ; quelques-unes pourtant, la cuscute, par exemple, qui sont vivaces, y poussent quand même; il faut les détruire comme je l'ai dit plus haut.

Le chanvre *mâle* donne la meilleure filasse ; il s'arrache lorsqu'il a cessé de fleurir et qu'il a répandu sa poussière fécondante. Sa tige est moins élevée que celle des pieds femelles.

Le chanvre *femelle*, dont la filasse est grossière, est arraché dès que la graine commence à brunir.

On conseille, et avec raison, de semer, pour récolter la graine, des pieds isolés de chanvre dans les champs de pommes de terre; la graine serait meilleure, et on pourrait, dans la chènevière, arracher la femelle en même temps que le mâle et obtenir ainsi un produit complet et de bonne qualité.

Dès que le chanvre est arraché, on coupe sur un billot les racines, on sèche les tiges et on les rouit de la manière indiquée pour le lin. Il se teille à la main ; pour le battre, on le frappe sur les bords intérieurs d'un tonneau défoncé ; sa graine se détache facilement.

Le *millet* fournit une graine employée pour la nourriture de l'homme, des oiseaux et de la volaille. Sa paille est la meilleure de toutes les pailles des céréales destinées à la consommation des bestiaux. Pour la nourriture de l'homme, il sert à préparer, comme le froment, une farine de gruau ou de semoule.

Le millet, dont il existe plusieurs espèces, veut un sol chaud, léger, meuble, propre et riche. Il réussit dans les terrains les plus secs ; mais il demande plusieurs labours.

On le sème, quand les gelées ne sont plus à craindre, à raison d'un hectolitre par hectare ; on le bine, on le herse, même pendant sa croissance, quand le sol se durcit ou se salit.

On lui fait suivre une céréale d'hiver, une récolte sarclée, ou mieux des prairies naturelles ou artificielles.

Le millet se récolte lorsque la plus grande partie des grains sont mûrs ; on laisse javeler pendant quelques jours. Comme la paille se dessèche difficilement, on bat de suite et on la fait sécher après.

Pour ne pas perdre trop de grains, on transporte le millet à l'aide de fortes toiles. On étend la graine en couches minces qu'on remue souvent.

Dans les pays où le millet ne mûrirait que mal, on le sème pour être récolté en vert comme fourrage.

A l'occasion du jardin, et également dans le mois de mai, je vous ai fait connaître les moyens pour récolter sûrement les *haricots*.

Je vous ai conseillé d'en semer en plein champ; car ils sont d'une grande ressource.

On choisit pour cela des haricots qui ne se rament pas, et principalement le *flageolet*, le *soissons nain*, etc.

Je me contenterai donc ici de vous dire que les lignes devront être à 35 ou 40 centimètres de distance, qu'on jette 6 à 7 grains dans chaque trou, et qu'on les recouvre d'abord d'un peu de cendres, si on en a à sa disposition, avant de ramener la terre par-dessus. Les raies doivent être peu profondes; car la graine pourrirait si elle était trop avant dans la terre. Les haricots exigent plusieurs binages durant leur croissance.

Le mois de *juin* est consacré aux binages des pommes de terre et des plantes sarclées, aux semis des *navets*, de la *navette* de printemps, du *sarrasin*; on coupe les sommités des féveroles, les trèfles, les luzernes, les vesces; on fait les *foins*. C'est également l'époque de la tonte des moutons.

La *navette* produit généralement moins que le *colza*, dont je parlerai bientôt; mais elle croît sur des terrains médiocres. C'est la plante oléagineuse de printemps qui se sème le plus tard. C'est aussi une récolte d'hiver succédant à un *seigle* ou à une *avoine*.

On la sème le plus souvent à la volée, parfois mêlée à de l'avoine, après les vesces coupées en vert.

Trois mois suffisent à sa végétation. On emploie, par hectare, 10 à 12 litres de graine. Si le semis est trop dru, on éclaircit avant l'hiver; puis une seconde fois au printemps, de manière que les plants soient espacés de 25 à 30 centimètres. On donne les mêmes soins à la navette qu'au colza; cependant, comme elle s'égrène moins facilement, elle ne réclame pas les mêmes précautions au moment de la récolte.

Les *navets* se sèment de mai jusqu'à la mi-août. Ils aiment l'humidité et un hiver doux, qui permette de les laisser en terre.

Ils préfèrent les sols légers, mais bien fumés; 3 kilogrammes de graine suffisent pour un hectare. On les recouvre légèrement. Pour les conserver durant les gelées, on en fait de petits tas, sur lesquels on étend de la paille.

Le sarrasin, connu aussi sous le nom de *blé noir*, contient au moins autant de parties nutritives que l'orge; il est employé à l'engraissement des bœufs, des cochons, des volailles les plus estimées, et il remplace l'avoine pour les chevaux. La farine qu'on en retire sert, dans la Bretagne et dans certaines autres contrées, à faire du pain, de la bouillie et des gaufres.

C'est sous cette forme surtout que, dans le département de l'Ain et dans quelques parties de Saône-et-Loire, il remplace presque entièrement le pain, même chez les cultivateurs aisés; c'est cependant un aliment indigeste.

Avant la maturité, et au commencement de la floraison, la paille se donne comme fourrage; sèche, elle sert de litière et fournit un bon fumier. Le sarrasin est aussi un des meilleurs engrais à enfouir en vert, si l'on choisit le moment où les fleurs commencent à paraître. Enfin, dans les pays où l'on élève des abeilles, il donne une ample récolte de fleurs dont on nourrit, dans l'arrière-saison, les essaims, qui périraient sans cette ressource.

Néanmoins, le bas prix du sarrasin ne permet pas qu'on lui consacre une bonne terre : il vient très-bien d'ailleurs dans les sols légers, mais fertiles.

On le fait succéder à une céréale d'hiver, à un seigle ou à un colza; car deux mois et demi ou trois mois suffisent pour qu'il arrive à maturité. Aussi n'a-t-il besoin que d'un ou deux binages. On se dispense souvent même d'en donner; car lorsqu'il réussit bien, il étouffe les mauvaises herbes. Cependant les binages sont très-utiles, et ces soins ne manquent pas au sarrasin dans les pays où l'on soigne sa culture pour obtenir la graine.

Le sarrasin craint excessivement le froid; la moindre gelée le détruit. Il fleurit aussi très-inégalement, et mûrit de même. Peut-être en étêtant les tiges, comme pour le colza, obtiendrait-on le même résultat.

Le sarrasin de *Sibérie* est plus productif, plus rustique, mais se coupe plus vert, parce qu'il s'égrène plus facilement.

Dans tous les cas, la récolte se fait dès que la plus grande partie des grains sont mûrs. On coupe les tiges à la faucille, ou bien on les arrache pour ne séparer les racines qu'ensuite. Comme pour les fèves, on réunit les tiges en bottes qu'on dresse sur la terre en écartant les pieds. Elles sèchent ainsi, et la graine continue de mûrir. On bat le sarrasin aussitôt après, et on met les graines dans des greniers pour qu'elles ne s'échauffent pas. La paille s'entasse en meules bien faites, pour servir ensuite de litière, comme je l'ai déjà dit.

On sème le sarrasin très-clair ; 60 à 80 litres suffisent pour un hectare. Les cendres sont la fumure qui lui convient le mieux.

Un mot maintenant, mes amis, sur la récolte des foins en général, quoique j'aie déjà donné des conseils sur la manière de rentrer ceux de luzerne, de trèfle, etc.

L'époque la plus convenable pour faucher les prés est celle où les plantes qui y sont les plus abondantes et qui produisent le meilleur foin commencent à être en pleine fleur ; quelques jours de retard font diminuer considérablement la qualité du fourrage, qui est toujours dur et peu nourrissant, lorsque les graines sont arrivées à maturité.

La *fenaison* exige, dans les fermes considérables, un grand nombre de bras, beaucoup d'activité et d'intelligence. Les faucheurs doivent couper aussi bas qu'il est possible; car le bas est le mieux garni, et il donne par conséquent plus de produit. Le premier jour, dès qu'il n'y a plus de rosée, on répand tout ce qui a été fauché jusqu'à 10 ou 11 heures, et on le met en tas ou *chevrottes*, vers le soir. Ce qui est fauché après midi doit rester en *andains* jusqu'au lendemain ; on l'étend alors comme je viens de le dire.

On étend ensuite les tas ou chevrottes qu'on reforme vers cinq ou six heures, ou plus tôt s'il vient à pleuvoir. Ces chevrottes se font de plus en plus grosses, à mesure que le foin se sèche.

Le troisième jour, on les éparpille de nouveau ; on les retourne, comme la veille, deux ou trois fois. Le soir, on peut les rentrer, ou bien on attend le lendemain après la rosée. Si on ne les rentre pas, on en forme de très-gros tas. Le foin doit être sec quand on le serre. L'excès de sécheresse nuirait cependant à sa qualité. Chaque fois que le temps se dérange, l'herbe coupée ne doit pas être répandue ; on profite seulement des intervalles de beau temps pour ouvrir les tas et leur donner de l'air.

Lorsque le foin n'est pas parfaitement sec et que la pluie menace, il vaut mieux le rentrer ; si l'on craint qu'il ne se conserve pas, on le mélange avec de la paille et on tasse le tout fortement.

Les mêmes soins doivent être donnés aux regains, qui se coupent plus près de terre encore et qui sèchent plus difficilement.

QUESTIONS : Quels sont les travaux généraux du mois de *mai* ? — Quels sont les produits du *chanvre* ? — Quel terrain lui convient ; quelle doit être sa fumure, son mode de culture ; la quantité de semence ; les soins que la plante réclame ? — Quand arrache-t-on le chanvre *mâle*, le chanvre *femelle* ? — Qu'en fait-on après l'arrachage ? — A quoi sert le *millet* — Quel sol demande-t-il ? — Quel moment faut-il choisir pour le semer et quelle est la quantité de semence à employer ? — Quels soins réclame-t-il ? — Quand le récolte-t-on ? — Ne s'utilise-t-il pas comme fourrage vert ? — Quelles sont les variétés de *haricots* à semer dans la grande culture ? — Quelles sont les précautions à prendre pour en récolter sûrement ? — Quels sont les travaux de *juin* ? — Dites ce que vous savez de la *navette* et de sa culture. — Quels soins réclame-t-elle ! — Quels terrains exigent les *navets*? — Quelle quantité de graine faut-il pour un hectare? — Comment et quand les récolte-t-on ! — Qu'est-ce que le *sarrasin*? — A quoi utilise-t-on son grain ? — Quand la paille se donne-t-elle pour fourrage ? — A quoi sert-elle quand elle est sèche? — Quand l'enfouit-on en vert? — A quoi servent ses fleurs ? — Quel sol lui convient? Quel quantité de semence faut-il? — Quand le récolte-t-on et comment se fait la récolte? — Quelle est l'époque la plus convenable pour faucher les prés? — Indiquez tous les soins à prendre pour faucher, sécher le foin et le rentrer? — Quel moyen emploie-t-on pour en tirer parti quand il n'a pas été rentré sec?

TRENTE-CINQUIÈME LECTURE.

Travaux des mois de Juillet et d'Août.

Durant le mois de *juillet*, on fait la récolte du colza et de la navette semés en automne. On sème le colza qui sera repiqué plus tard; on le sème également à la volée; on herse les navets, les carottes semées dans d'autres récoltes ; on bine les récoltes sarclées. On peut semer également des navets et du sarrasin. On récolte les seigles.

Le *colza* est une espèce de chou cultivé, comme la navette, pour l'huile abondante que produit sa graine, et pour son marc ou tourteau, qui est excellent pour l'engraissement des bestiaux. Il donne de plus une assez grande quantité de paille ; mais elle ne peut guère servir que de litière. Le bétail aime les *siliques* ou enveloppes de la graine, lorsqu'elles ont été humectées avec de l'eau salée.

Le colza est d'hiver ou de printemps: celui d'hiver

est le plus productif; il veut un sol profond, bien préparé et exempt d'humidité. Dans les terres sablonneuses bien fumées, on peut le mettre après du trèfle, des pois fauchés en vert, du seigle, de l'orge et même du blé. Après une céréale, on le repique le plus souvent.

Il faut 10 à 12 litres de graines par hectare quand on sème à la volée. Quand il doit être repiqué, on place les pieds à 25, 30 et même à 50 centimètres de distance.

On sème en pépinière, comme les choux et les betteraves, la quantité qui sera nécessaire à l'exploitation et on lui donne les mêmes soins.

Le colza, non repiqué surtout, veut des binages à l'automne et au printemps. On le récolte en le coupant avec la faucille, dès que la plante prend une couleur jaunâtre et que le grain devient brun. On choisit le soir ou le matin, pour éviter la perte de la graine. On laisse le colza en javelles, et deux ou trois jours suffisent pour qu'il soit sec. On le bat sur place, et, si on le rentre à la ferme, le transport doit se faire dans des voitures garnies de toiles, comme cela se pratique d'ailleurs pour toutes les plantes qui s'égrènent facilement. Une fois battu, on étend la graine en couches minces dans un grenier.

On cultive aussi le colza pour fourrage; alors on le sème plus dru.

Le colza de printemps se sème plus tôt, demande les mêmes soins, mais est souvent détruit par les insectes. Dans le nord de la France, on étête le colza dès qu'il fleurit, c'est-à-dire qu'on enlève le sommet de la tige centrale. Cette suppression favorise le développement des rameaux latéraux et augmente le rendement.

Au mois d'*août*, on sème encore la *navette*, le *trèfle incarnat*, la *spergule*. On peut même commencer la préparation des labours pour les céréales d'hiver.

Mais le travail le plus important de cette époque, c'est la récolte de l'avoine, du lin, du chanvre, des pavots, du *blé* ; c'est-à-dire, mes amis, que c'est durant ce mois que le cultivateur éprouve les plus grandes fatigues. Mais quel bonheur pour lui quand ses travaux s'accomplissent heureusement! Quel bonheur aussi pour toutes les populations ! Si la moisson est abondante, le pauvre ouvrier, le malheureux vieillard ne s'effrayeront pas en pensant aux rigueurs de l'hiver ; car, quand le blé, et partant le pain, n'est pas cher, toutes les denrées sont à bon marché. Si le contraire arrive, la misère est partout; le riche lui-même, voyant ses revenus diminuer, ne peut porter secours au pauvre.

Un mot donc de la moisson.

Je vous ai déjà conseillé de récolter les fourrages dès l'époque de leur floraison ; pour obtenir des céréales le plus de grain possible, il vaut également mieux les couper cinq ou six jours avant leur complète maturité.

Rappelez-vous que le temps propice pour rentrer les fourrages et les blés est de courte durée; qu'il faut bien le saisir et le mettre à profit. Il faut des bras alors et de l'activité. C'est l'époque aussi où il faut suivre ce précepte : « Aidez-vous les uns les autres. »

A ce sujet, permettez-moi de vous raconter un fait qui m'a frappé dans mon enfance, et que je n'ai jamais oublié depuis.

J'habitais alors un pays de montagnes et, par conséquent, très-exposé aux variations de température et aux froids précoces. Là, plus qu'ailleurs, il fallait saisir le moment de faire la moisson d'orge ou d'avoine, non de blé, car il n'y mûrit presque jamais. Eh bien! j'ai été témoin constamment de l'empressement des habitants des divers hameaux pour courir, leurs travaux terminés, à l'aide de leurs voisins en retard. On ne réclamait même pas ces services; ils étaient spontanés et gratuits. Pourquoi n'en serait-il pas toujours et partout ainsi? Une bonne récolte profite à tous, et si aujourd'hui vous travaillez pour vos voisins, demain ils travailleront pour vous.

On fauche, c'est-à-dire on coupe à la faux ou à la faucille les différentes céréales. A la faux, on coupe le blé plus près de terre et plus promptement; mais il s'égrène davantage quand il est trop mûr.

La faucille range plus régulièrement les épis dans la gerbe, et fait éviter ainsi quelques pertes de grain. Si vous vous en servez, ne coupez pas les tiges trop haut. Réservez pour votre dernière moisson les plus beaux, les plus nets de mauvaises herbes, afin d'en retirer les semences pour l'année suivante. Vous les battrez les premiers séparément, et vous en aurez soin comme des autres.

Chacun connaît la manière de faire les javelles; cette opération nuit surtout au blé pendant le mauvais temps. On javellera en gerbes dès que la paille ne sera plus ni verte ni humide. La meilleure méthode consiste à placer une gerbe debout, et cinq ou six autres également debout, appuyées contre la première : le tout est recouvert d'une autre gerbe renversée et ouverte en forme de parapluie.

Pour conserver les récoltes des céréales, on les place à l'abri dans des granges, ou on en forme des meules. Dans tous les cas il est nécessaire de bien les tasser. Pour les meules, l'une des considérations les plus importantes, c'est qu'elles ne reposent pas immédiatement sur le sol, et que celui-ci soit disposé de manière que les eaux ne s'y amassent pas.

Le blé, l'orge et l'avoine se battent au fléau ou avec des machines. Les machines accélèrent le travail, et occasionnent une grande économie de temps; les cultivateurs s'en servent aujourd'hui dans presque toutes les contrées.

Le *tarare* remplace également le *van* pour nettoyer les céréales; il est d'ailleurs plus connu encore que les machines à battre.

Il ne reste plus, quand les grains sont séparés de la tige, qu'à les placer dans des greniers où on les étend par couches de 30 à 35 centimètres de hauteur, selon qu'ils sont plus ou moins humides. Dans tous les cas, on les remue souvent, et on veille à ce qu'il y ait des courants d'air dans les greniers. Ceux-ci doivent être très-propres, et l'on peut y placer quelques plantes à odeur forte, comme le sureau, qui contribuent le plus souvent à chasser les charançons et les teignes.

La *spergule* convient aux terres sableuses; elle vient dans les sols les plus arides, croît assez promptement pour qu'on puisse avoir trois récoltes par an sur le même sol, et ne demande avant chaque semaille qu'un labour et un hersage.

Comme elle s'élève peu, elle serait plus propre aux pâturages qu'à servir de fourrage sec.

Ainsi que le maïs et le sorgho, elle donne un lait excellent aux vaches qui s'en nourrissent.

On la cultive aussi pour être enterrée en vert, afin de servir d'engrais.

La spergule peut se semer beaucoup plus tôt : 12 kilogrammes de graine suffisent pour un hectare; on recouvre très-peu.

Il est aussi fort avantageux de cultiver la laitue dans les fermes où l'on élève beaucoup de porcs ; ces animaux la recherchent et, par elle, s'entretiennent en bonne santé pendant l'été.

La laitue demande un sol riche, propre, meuble et bien amendé. Cinq ou six cents grammes de semence suffisent pour 10 ares de terrain. Elle se sarcle, se bine et, lorsqu'elle s'est développée, se coupe chaque jour pour être donnée fraîche.

La *chicorée sauvage* est encore une plante qu'on peut cultiver en grand, car elle est du goût de tous les animaux et dure 4 ou 5 ans. Elle produit abondamment, donne plusieurs coupes, mais ne se mange qu'en vert. On peut la semer depuis mars, souvent avec une céréale, ou mêlée au trèfle et au sainfoin il faut 15 kilogrammes de graine environ pour un hectare.

QUESTIONS: Quels sont les travaux généraux de *juillet?* — Qu'est-ce que le *colza?* — Quels produits en retire-t-on? — N'y a-t-il pas plusieurs variétés de colzas? — Quel sol demande-t-il? — Après quelles récoltes revient-il? — Quelle est la quantité de graine nécessaire? — Comment le sème-t-on? — Quels soins réclame-t-il? — Comment le récolte-t-on? — Quels sont les travaux d'*août?* — Quel moment choisit-on pour la *moisson?* — Comment coupe-t-on les blés? — Quels sont les avantages de la faux, de la faucille? — Ne doit-on pas faire immédiatement choix du grain qu'il faudra pour semence? — Comment se font les javelles? — Comment conserve-t-on les céréales après la moisson? — Comment se battent-elles? — Comment les nettoie-t-on? — Où place-t-on les grains et quels soins réclament-ils? — Les cultivateurs ne doivent-ils pas s'entr'aider durant la moisson? — Quelle terre convient à la *spergule?*—Quel est son emploi? — Combien faut-il de semence? — N'y a-t-il pas utilité à cultiver le *laitue?* — Quel sol demande-t-elle?—Combien faut-il de semence pour 10 ares?—La *chicorée sauvage* ne se cultive-t-elle pas en grand? — Quand la sème-t-on et combien faut-il de semence?

TRENTE-SIXIÈME LECTURE.

Travaux des mois de Septembre et d'Octobre.

On peut commencer en *septembre* les semailles de blé, de seigle, d'orge et de vesce d'hiver. On récolte les fèves, la graine de trèfle, les pommes de terre, les betteraves, les carottes, le maïs, la navette d'été et le sarrasin. On repique les colzas; on prépare les engrais.

Dans les mois précédents je vous ai parlé, mes amis, de la culture de toutes les céréales, hors de celle du *seigle*. A l'occasion de la pomme de terre, de la betterave, etc., je vous ai indiqué le moyen de les conserver. Je me suis occupé enfin, dans d'autres lectures, du repiquage du colza et des engrais. Examinons donc seulement ici ce qu'il convient de faire pour obtenir du seigle de bonne qualité et en abondance.

Le *seigle*, qu'on sème en automne ou au printemps, occupe le deuxième rang parmi les céréales. Sa farine n'est ni aussi blanche ni d'un usage aussi varié que celle du froment ; elle donne néanmoins un pain savoureux, très-sain et se conservant même mieux que celui de blé.

Le seigle se plaît dans une terre meuble et légère, exige moins d'engrais et épuise moins la terre que le blé ; mais il demande la même préparation que lui, et, comme lui, réussit bien après les pommes de terre, les betteraves, les vesces. On peut cependant le semer sur des défrichements de bois, sur des prés et des pâturages rompus. Les engrais verts et les fumures fraîches lui conviennent particulièrement.

La récolte sera plus abondante si on répand le grain sur un labour de 20 à 30 jours, que si le labour a précédé immédiatement les semailles.

On peut semer jusqu'au milieu d'octobre, suivant les contrées ; on met en général moins de grains que pour le blé, car le seigle talle davantage ; on recouvre un peu moins. Le produit en paille et en grains est ordinairement supérieur à celui du froment.

On sème assez fréquemment ensemble le blé et le seigle; ce mélange, connu sous le nom de *méteil*, produit plus que si chacune des céréales avait été semée séparément ; mais on doit choisir un blé précoce, pour que la maturité arrive en même temps.

En vert, le seigle présente une ressource précieuse pour la nourriture des bestiaux; c'est le premier fourrage qu'on peut faucher au printemps. Pour le même usage, on le sème aussi avec des pois et des vesces, et il empêche ces dernières plantes de verser.

Si quelques grains de seigle s'allongent outre mesure et sortent de leur enveloppe en se recourbant, il faut les faire disparaître; car ce seigle, connu sous le nom de seigle *ergoté*, est un véritable poison.

Au mois d'*octobre*, on continue les diverses récoltes non achevées en septembre; on fait les labours pour les semailles d'hiver et de printemps; on transporte les engrais ; on fabrique les composts; on extrait la marne qui sera répandue sur les terres avant les labours; on cure les fossés d'écoulement, dont les déblais seront plus tard mêlés au fumier ou répandus seuls sur les champs. Pour le cultivateur vigneron, le travail ne manque pas : il faut faire la *vendange*.

Avant de vous entretenir de cette opération, je m'arrêterai quelques instants sur les moyens de multiplier la vigne et de lui faire produire de beaux et de bons fruits.

Les terrains qui conviennent le mieux à la vigne sont les terrains en pente, pierreux, graveleux, calcaires et, autant que possible, exposés au midi. Un de ses plus grands avantages, c'est qu'elle croît et donne de bons produits sur des terres qu'on ne pourrait consacrer avec profit à aucune autre récolte. Les sols riches et fertiles la font prospérer; mais la qualité du raisin est inférieure à celle du raisin qui mûrit le long des collines.

De plus, dans les terrains de plaine, ou bas, la vigne peut facilement geler.

La vigne se multiplie par le semis des pepins. On forme des pépinières, et quand les plants sont assez forts, on les place à 70 ou 80 centimètres les uns des autres ; on les greffe en fente quand les variétés des semis ne conviennent pas.

Elle se reproduit aussi par *boutures*, c'est-à-dire par des morceaux de bons sarments de 40 à 50 centimètres, choisis en automne, qu'on plante soit immédiatement sur le terrain qui leur est destiné, soit en pépinière, à 6 ou 8 centimètres de distance. Dans ce dernier cas, on les repique quand ils ont de petites racines; on les appelle alors des *chevelus*. Les boutures servent aussi à remplacer les pieds qui ont péri dans une vigne ou ceux qui sont trop vieux. Mais, dans ce cas, on emploie dans beaucoup de pays, la *marcotte* ou le *provignage*. Cette opération consiste à faire, lors de la première façon qu'on donne à la vigne, au printemps, dans la direction du cep qu'on veut remplacer, une fosse aboutissant au cep destiné à fournir le nouveau plant. On courbe alors un sarment, d'une belle venue, réservé pour cela au moment de la taille, et on le maintient au fond de la fosse au moyen de crochets de bois ; son extrémité est relevée à l'endroit où il devra se trouver et n'aura que deux yeux hors de terre. Dès que les marcottes sont distribuées, on jette dessus un peu de terre qui les assujettit, puis un peu d'engrais, puis encore de la terre pour remplir la fosse. Au bout de deux ans, on *sèvre* le jeune plant, qui est alors fort et vigoureux, c'est-à-dire qu'on le sépare de la souche mère qu'il a déjà un peu épuisée et qu'il ferait périr sans cette opération.

La greffe ne se pratique que pour changer un mauvais plant.

Lorsque l'on tient à la qualité du vin, on ne doit jamais fumer la vigne avec des engrais animaux; on entretient sa vigueur en y transportant des terres neuves, du marc de raisin distillé ou ayant servi à faire des boissons, des chiffons, etc. On recommande aussi de semer entre les lignes du *lupin* commun qu'on enfouit quand il est en fleurs. Les feuilles de vigne avec les petits bourgeons hachés grossièrement sont aussi employées comme fumure.

C'est au printemps, par un temps sec, qu'on taille la vigne. On ne peut fixer la longueur de la taille : elle varie suivant l'espèce du plant. Dès que la vigne est taillée, et avant qu'elle pousse, on lui donne une première façon pour détruire les mauvaises herbes et pour permettre à l'air et à la lumière de pénétrer le sol. Ce travail se fait à la bêche ou à la houe. On fixe ensuite auprès des jeunes ceps des échalas pour les soutenir. Peu de temps après, quand les rameaux sont devenus assez forts pour ne pas être cassés, mais avant qu'ils soient trop longs, car ils courraient ce danger, on recommence à piocher la vigne. Il n'est pas nécessaire alors de pénétrer le sol aussi profondément que la première fois. Quelque temps encore avant la maturité, pour que la chaleur pénètre bien la terre, on donne une troisième façon.

On *émonde* aussi dans quelques contrées, c'est-à-dire qu'on fait disparaître tous les rameaux qui ne portent pas de fruits; cette opération est délicate, et doit être confiée à des hommes expérimentés.

La culture terminée, on relève les rameaux et on les attache avec de la paille, afin que les branches ne soient pas cassées par le poids des raisins, et que l'air et la lumière puissent circuler autour d'eux.

Je ne vous dirai rien, mes amis, de la récolte des grappes; vous savez tous comment elle se fait.

Sachez seulement qu'il faut attendre, pour cueillir le raisin, qu'il soit parfaitement mûr et que le temps soit beau. Quant à la fabrication du vin, vous la connaissez également. Une seule recommandation que je vous adresse, c'est, si vous entrez dans une cuve pour fouler le raisin, de prendre toutes les précautions possibles pour ne pas respirer les gaz qui s'échappent du moût en fermentation; ces gaz sont mortels. Que votre tête soit donc en dehors, et venez respirer l'air de temps en temps.

QUESTIONS : Quels sont les travaux de septembre? — Quand sème-t-on le *seigle*? — Quel rang occupe-t-il parmi les céréales? — Dans quelles terres se plaît-il?— Quelle préparation réclame-t-il? — Quels sont les engrais qui lui conviennent? — Quel en est le produit? — Qu'entend-on par *méteil*? — Pourquoi mélange-t-on du blé avec du seigle? — Ne fait-on pas aussi consommer le seigle en vert? — Qu'entend-on par épis *ergotés* et que faut-il en faire? — Que fait-on durant le mois d'*octobre*? — Quels terrains conviennent à la vigne? — Comment se multiplie-t-elle? — Expliquez la reproduction par *boutures*, par *marcottage*, par *provignage*. — Dans quels cas greffe-t-on la vigne ? — Doit-on fumer la vigne ? — Quels sont les engrais qui lui conviennent le mieux ?-Quels sont les travaux ou *façons* que réclame la vigne?-Quand doit-on faire la récolte du raisin? —N'y a-t-il pas des précautions à prendre quand on foule le raisin ?

TRENTE-SEPTIÈME LECTURE.

Travaux des mois de Novembre et de Décembre.
COMPTABILITÉ.

Nous voici arrivés, mes bons amis, aux derniers mois de l'année, à ceux de *novembre* et de *décembre*. Vous en consacrerez encore les beaux jours à labourer, à semer des céréales, à conduire sur vos terres les engrais et les amendements, à drainer, à faire des travaux d'écoulement et d'arrosage, à transporter sur les marchés, si le moment est favorable, les produits que vous ne pourrez consommer. Les jours de pluie, vous battrez vos grains, dans le cas où ce travail n'aurait pas été fait plus tôt ; vous surveillerez toutes vos récoltes réunies dans les caves, dans les greniers, dans les silos ; vous réparerez vos instruments; vous couvrirez d'une couche de peinture ou d'huile vos charrues, vos herses, vos chariots, etc.

A l'occasion de la vente des menus produits de la ferme, je ne puis m'empêcher de faire une observation.

Dans beaucoup de localités, cette vente pourrait s'opérer sans déplacement : des marchands parcourent fréquemment les campagnes pour acheter aux ménagères le beurre, le fromage, les œufs, la volaille à des prix qui leur assureront, il est vrai, un bénéfice, mais à des prix raisonnables. Vos mères pourraient se débarrasser ainsi de leurs produits ; mais, comme elles savent qu'elles les vendront un peu plus cher à la ville ou au bourg voisin, elles préfèrent un déplacement peu profitable pour elles et pour la maison. Elles ne calculent pas la perte de temps que ces courses, quelquefois ces voyages doivent entraîner, la fatigue, les dépenses qu'ils occasionneront, l'abandon dans lequel elles laisseront leur famille, le manque de surveillance où se trouveront les gens de service, qui souvent, par malheur, mesurent leur activité sur cette surveillance. Si elles y réfléchissaient, il est probable qu'elles agiraient autrement, surtout quand rien n'exige impérieusement leur éloignement momentané de leurs occupations d'intérieur.

C'est aussi à la fin de l'année que le fermier ou le cultivateur propriétaire doit faire ses comptes. C'est le seul moyen de connaître le bénéfice net et la perte de telle ou telle récolte, et de se fixer sur leurs successions convenables.

En général, les cultivateurs disent bien que leurs *affaires* ont été bonnes une année, mauvaises une autre ; mais, si on leur demande d'où provient exactement le bénéfice et la perte, et à combien ils s'élèvent, peu répondent avec certitude.

« Combien y a-t-il en France d'agriculteurs, disait un écrivain à qui l'art de la culture doit de précieux renseignements (Victor Borie), qui veuillent et qui sachent se rendre compte de leur situation?

» Vous demanderiez à un négociant : Combien vendez-vous vos draps, vos étoffes ? Il vous répondrait par un chiffre exact. Si vous ajoutiez : Combien vous coûtent ces draps, ces étoffes? et qu'il ne le sût pas, vous ne pourriez vous empêcher de le regarder comme un fou qu'il faudrait faire interdire.

» Eh bien! s'écrie-t-il encore, y a-t-il beaucoup de cultivateurs qui puissent dire à combien leur revient un hectolitre de blé? S'il s'en trouve *un sur mille*, c'est tout au plus ! »

Cela est parfaitement vrai, mes amis ; aussi, pour éviter cette ignorance, comme vous aurez appris à l'école primaire assez de calcul, vous tiendrez les livres de vos parents, et continuerez ensuite ce travail pour vous-mêmes, quand vous leur succéderez.

Mais, en vous recommandant de tenir note, chaque jour, de vos recettes et de vos dépenses, je n'entends pas vous conseiller d'écrire simplement le montant des sommes qui sont sorties de votre coffre ou qui y sont entrées ; ce serait cependant déjà un progrès, car beaucoup n'écrivent pas une ligne pour constater leurs recettes et leurs dépenses.

Les engrais transportés sur le champ, son labour, la valeur de la semence, le temps employé pour la répandre, le hersage, le travail et la nourriture de vos chevaux, de vos bœufs, de vos charretiers, les soins durant la végétation, ceux de la récolte, le temps employé pour le transport et la vente, l'intérêt de la valeur en argent de votre terre, celui de l'estimation de vos instruments de culture, en y ajoutant les pertes provenant de l'usure, vos travaux personnels et ceux de votre famille, votre surveillance, les frais d'entretien de votre ménage, ceux d'habillement, etc., voilà des *dépenses* que vous pouvez représenter par un chiffre chaque fois qu'elles ont lieu.

Le blé que vous fournit votre champ, soit que vous le vendiez, soit que vous le consommiez, les récoltes de toute espèce, la paille vendue ou servant de litière et de nourriture à vos bestiaux, voilà des *recettes*.

Ne vous effrayez pas cependant, mes amis; tout cela n'est pas difficile autant qu'il le paraît.

Une demi-heure par jour, la connaissance des quatre premières règles de l'arithmétique, trois cahiers de papier suffisent.

Sur l'un de ces cahiers, vous consignerez tout ce qui a été successivement dépensé; sur l'autre, tout ce qui aura été reçu. Le troisième constatera, d'une part, tous les frais d'engrais, de culture occasionnés par *une seule espèce* de récolte; de l'autre, et en regard, tout ce que cette récolte a produit, évalué en argent, que vous l'ayez vendue, consommée ou gardée pour semence. La comparaison des totaux de la dépense et de la recette vous apprendra d'un coup d'œil si vous avez gagné ou perdu; une soustraction vous dira combien vous avez gagné ou perdu.

Plus loin, je mettrai sous vos yeux des modèles de ces livres; mais auparavant, je vous recommande vant tout, dès votre entrée en possession de la ferme, dès que vous voudrez suivre mes conseils, de vous rendre compte de ce que vous possédez en argent, en matériel, en mobilier, en vêtements, en bestiaux, en harnais, etc. Vous ferez un *inventaire*, c'est-à-dire une liste, avec estimation en francs et en centimes, de tous les objets dont je viens de parler.

Cet inventaire sera copié sur le troisième livre, qui s'appellera *livre* de *dépouillement;* les deux autres s'appelleront livres de *dépenses* et de *recettes*.

L'intérêt de la somme représentée par l'inventaire sera, à la fin de l'année, réparti en proportion des autres dépenses faites pour chaque culture.

On pourra le porter à 7 ou 8 p. 100 au lieu de 5, à cause de la diminution de valeur de vos instruments, du mobilier, etc., qui s'usent ou se détériorent.

Ainsi, si votre inventaire constate un avoir de 5,000 fr., l'intérêt à 7 p. 100 étant de 350 fr., vous ajoutez 350 fr. à vos dépenses ; celle du blé étant, je suppose, de 200 fr., vous y ajoutez 14 fr.

Il faut aussi tenir compte du prix du loyer pour chaque hectare ou pour chaque portion d'hectare, que vous payiez ce loyer à un propriétaire ou que le terrain vous appartienne.

Si donc vous avez cultivé un hectare en blé, et que le fermage d'un hectare soit de 100 fr., vous ajouterez cette somme à votre dépense du blé.

Un conseil encore, mes amis, avant de terminer cette lecture. Si vous prenez à bail une terre pour l'exploiter, obtenez que ce bail soit de longue durée, afin que vous puissiez profiter vous-mêmes de toutes les améliorations que vous aurez successivement apportées dans cette terre. Car je vous engage à la traiter comme si elle vous appartenait : vos devoirs d'honnêtes hommes vous le prescrivent, aussi bien et plus encore que vos intérêts.

Si la terre que vous cultivez est à vous, vous ne manquerez pas de lui fournir tout ce dont elle a besoin pour produire. Ne négligez rien pour cela ; faites quelques sacrifices annuels pour l'améliorer, plutôt que d'employer vos économies à acquérir, en partie à crédit, une nouvelle portion de terre qui ne vous permettra peut-être plus de soigner aussi bien par vous-mêmes celle que vous possédiez déjà. Sachez bien que mieux vaut n'avoir que cent ares de terres bien cultivées que deux cents négligées. Voyez les jardiniers : n'obtiennent-ils pas des intérêts de 5, 6, 7 pour 100, et même davantage, des parcelles de terrain qu'ils cultivent, tandis que les terres de la grande culture ne rapportent que 2 ou 3 pour cent ?

Les capitaux que vous emploierez pour défoncer, fumer, amender, assainir, vous donneront le plus souvent un intérêt bien plus grand que placés en biens-fonds.

Des calculs récents sur le drainage et ses résultats dans les parties de la France où on le pratique, établissent que les sommes qu'on y a consacrées portent des intérêts qui s'élèvent jusqu'à 60 p. 100, et, en moyenne, à plus de 30 p. 100.

QUESTIONS : Quels sont les travaux de *novembre* et de *décembre* ? — Le cultivateur doit-il se déplacer pour la vente des menus produits de la ferme ? — Ces déplacements ne présentent-ils pas beaucoup d'inconvénients ? — Le fermier doit-il avoir une comptabilité et quand doit-il faire ses comptes ? — Les enfants ne doivent-ils pas s'initier de bonne heure à la comptabilité ?-Quels sont les articles à porter en *dépenses* ? — En quoi consistent les *recettes* ? — Combien de registres doit tenir le cultivateur et quel est l'usage de ces registres ? — Qu'entend-on par livre de *dépouillement* ? — Qu'est-ce que l'*inventaire* ? — Y a-t-il avantage à faire un long *bail* ? — L'intérêt du cultivateur n'est-il pas d'améliorer les terres qu'il possède plutôt que d'en acheter quelques portions, surtout à crédit?

MODÈLE N° 1.

INVENTAIRE.

INVENTAIRE DES SOMMES EN CAISSE ET DE TOUTES LES PARTIES DU MATÉRIEL ET DU MOBILIER, DES ANIMAUX, ETC., APPARTENANT A BENOIT (ANDRÉ), FERMIER A VILLENEUVE.

	DÉSIGNATION DES OBJETS.	VALEUR en ESPÈCES.	TOTAL du GROUPE.
	En argent...	1,500 f. » c.	1,500 f. » c.
Instruments de culture.	2 charrues de 40 fr. chacune........................	80 » »	280 » »
	1 herse Valcourt.....................................	30 » »	
	1 tombereau..	170 » »	
Chevaux.	2 chevaux..	750 » »	750 » »
Mobilier.	1 armoire..	60 » »	376 » »
	4 lits garnis à 70 fr. l'un...........................	280 » »	
	12 chaises à 3 fr. l'une..............................	36 » »	
Provisions.	Vin, 3 hectolitres...................................	120 » »	320 » »
	Blé à consommer, 10 hectolitres......................	200 » »	
	TOTAL..............		3,226 »

MODÈLE N° 2.

LIVRE DES DÉPENSES.

DATES.	NOMS des DIVERS COMPTES	MOTIFS DES DÉPENSES.	MONTANT des DÉPENSES.	
1857, 1ᵉʳ janvier.	Chevaux.	Payé à M. Lévi un cheval, 600 fr............	600	»
— 7 id.	Bœufs.	— à M. Courtois, huilier, 50 fr. pour 200 tourteaux pesant 1000 kilog............	50	»
— février, 15.	Avoine.	Une charrue, deux chevaux pour labourer la pièce dite la *Petite-Haie*............	5	»
— id. 23.	Id.	Une herse, demi-jour pour couvrir l'avoine (1 hect.) de la même pièce............	9	25
— mars, 1ᵉʳ	Bergerie.	Payé à M. Durand 40 fr. pour 1000 kilog de foin............	40	»
— avril, 20.	Orge.	Deux charrues, quatre chevaux, un jour de labour à la pièce dite de l'*Étang*............	8	50
— id. 30.	Froment.	Une charrue, deux chevaux, un jour de labour au *Petit-Champ*.	4	25
— août, 1ᵉʳ	Avoine,	Frais de moisson, 3 fr.; charrois, 2/3 de jour, deux chevaux, 3 fr. (350 gerbes)............	6	»
— id. 23.	Id.	Frais de battage, 4 fr. (14 hectolitres de grains.)............	4	»

MODÈLE N° 3.

LIVRE DES RECETTES.

DATES.	NOMS des DIVERS COMPTES	MOTIFS DES RECETTES.	MONTANT des RECETTES.	
1857, février, 3.	Vaches.	Vendu un veau gras à M. Bernardin pour 120 fr........	120	»
— mars, 5.	Bœufs.	Vendu 2 bœufs gras au même, à 300 fr. la pièce........	600	»
— avril, 20.	Orge, 1856.	Vendu à M. Perrin 4 hectolitres d'orge à 12 fr........	48	»
— mai, 25.	Vaches.	Vendu à M. Dumoulin 50 kilog. de beurre à 1 fr. 80 cent...	90	»
— septemb. 1.	Avoine, 1857.	Vendu 3 hectolitres à 6 fr................................	18	»
— id. 10.	Chevaux.	Une charrue, 2 chevaux, 1 jour de labour pour M. Gabriel..	5	»
— octobre, 14.	Bergerie.	Vendu à M. Bernardin 30 moutons gras à 20 fr........	600	»
— id.	Avoine.	Vendu 11 hectolitres à 5 fr.............................	55	»
— novemb. 3.	Blé.	Vendu à Firmin 3 hectolitres à 18 fr...................	54	»
— id. 6.	Avoine.	Vendu 150 kilog. à 20 fr. les 100 kilog...............	30	»

MODÈLE N° 4.

LIVRE DE DÉPOUILLEMENT.

COMPTE D'UNE SOLE D'AVOINE.

DATES.	DÉPENSES.	MONTANT des DÉPENSES.		DATES.	RECETTES OU PRODUIT.	MONTANT des RECETTES.	
Février 15.	Labour............	5	»	Septembre, 1.	Vendu 2 hectolitres à 9 fr....	18	»
Id., 23.	Semé et hersé......	9	25	Octobre, 14.	Vendu 12 hectolitres à 9 fr....	108	»
Août, 1er.	Frais de récolte....	6	»	Novembre, 6.	Vendu 1,500 kilos de paille à		
Id., 23.	Id. de battage......	4	»		20 fr. les 100 kilos.........	30	»
Id.	Loyer de la terre...	25	»		Total du produit....	156	»
Id.	Frais généraux.....	5	»		Total de la dépense..	54	25
	Total........	54	25		Bénéfice.......	101	75

TRENTE-HUITIÈME LECTURE.

Des Plantes tinctoriales, commerciales et industrielles dont il n'a pas été question jusqu'ici.

Dans le nord de la France, le *houblon*, qui est employé à la fabrication de la bière, est d'une grande importance, car son prix de vente est très-élevé. Dans le centre, on le cultive moins, parce que sa récolte s'écoule difficilement : les brasseurs prétendant, probablement à tort, que le houblon du Nord est de meilleure qualité.

Le houblon exige une terre franche, riche, très-profonde, peu humide, qu'on défonce à bras d'homme à 60 centimètres et qu'on fume après la plantation avec des chiffons de laine, des cadavres d'animaux morts, de la colombine (fiente de volailles) ou des engrais humains. Il se plante en lignes éloignées les unes des autres de 2 mètres, au printemps et à l'automne. On prend pour cela, dans les vieilles houblonnières, des pieds enracinés.

Chaque trou doit avoir assez de grandeur pour contenir un plant avec toutes ses racines, et assez de profondeur pour qu'on puisse couvrir entièrement ces racines de terre bien tassée.

Le houblon est une plante grimpante ; on doit donc lui fournir des appuis ; ce sont des échalas d'abord, puis de longues perches, quand il a grandi, ou bien des fils de fer, comme on en met à la vigne en *hautins*.

Chaque année, on laboure la houblonnière et on butte les plants. On taille aussi au printemps, en déchaussant avec soin chaque pied jusqu'aux grosses racines, et en coupant, le plus près possible de celles-ci, tous les jets, moins deux ou trois.

Au mois de septembre, on cueille, par un beau temps, les cônes, alors d'une couleur blanchâtre, et on les fait sécher sur une claie ou sur des filets, au-dessus d'un feu très-doux.

Le *chardon*, ou plutôt le *cardère*, est une plante bisannuelle utilisée par les fabricants de drap pour donner le *lainage* aux étoffes.

Il aime les terres franches, riches, profondes et bien préparées, se sème en pépinière en septembre et en lignes espacées d'un mètre et demi à deux mètres. On bine afin de faire disparaître les mauvaises herbes.

Quand les têtes ont une teinte blanchâtre, tirant sur le jaune, on les sépare de la tige en leur laissant une queue de 35 centimètres. On les lie en paquets qu'on fait sécher. La graine se prend sur les têtes les mieux formées.

La *cameline* est la plante oléifère qui résiste le mieux à toutes les intempéries et qui est la moins attaquée par les insectes malfaisants. Elle vient partout pour peu qu'on lui donne les soins de culture et les engrais nécessaires. Elle se sème à la volée, à raison de huit litres de graines par hectare; on recouvre légèrement. Le produit moyen est de 15 hectolitres par hectare. Les tiges, qu'on a soin de ne pas trop briser en battant, servent à faire des balais très-durables.

La *moutarde blanche* est aussi cultivée, exactement comme la navette de printemps, pour ses graines oléagineuses. Elle produit peu.

La *moutarde noire* demande un sol très-riche, très-meuble, mais produit des récoltes incertaines. Comme elle s'égrène facilement, elle infeste le sol qui l'a portée ; car ses graines conservent plusieurs années leur faculté germinatrice, et la plante reparaît à l'état de mauvaise herbe qui salit longtemps le terrain.

Quand je vous ai parlé de la culture de la vigne, j'ai dit que le *lupin* commun enfoui était un des engrais qui lui convenait le mieux. Il convient, d'ailleurs, comme engrais, à toutes les récoltes, et sa graine, trempée quelque temps dans l'eau, est un bon aliment pour les bœufs. Il prospère sur de très-mauvais terrains, et l'on peut y envoyer pâturer les moutons.

La *garance* produit une belle teinture rouge et un fourrage de bonne qualité assez abondant. Sa récolte n'a lieu qu'après trois ans de soins ; aussi elle exige des frais de culture considérables. Elle veut un sol assez fertile et beaucoup d'engrais. On ne la cultive que dans quelques départements, principalement dans celui de Vaucluse, où elle est de première qualité.

La *gaude* fournit une teinture jaune très-employée. C'est une plante bisannuelle, se semant ordinairement en juillet dans les terrains secs et sablonneux, et fréquemment entre les rangs de haricots, de fèves ou de maïs.

La graine se recouvre légèrement. En automne et au printemps, on sarcle pour favoriser la végétation et pour avoir la graine pure. Au commencement de l'été les tiges jaunissent : elles sont mûres. On les arrache alors, on laisse javeler pendant 5 ou 6 jours, par couches minces, contre un mur ou une haie. On les retourne souvent, afin qu'elles sèchent parfaitement.

C'est de la tige qu'on extrait la couleur. La graine donne une huile de qualité inférieure.

Le *pastel*, qu'on cultive avec succès dans les terres calcaires, est une plante bisannuelle, dont les feuilles se cueillent à plusieurs reprises, avant la formation des fleurs, et donnent une matière colorante bleue. Cette plante a été autrefois beaucoup plus cultivée qu'elle ne l'est, maintenant que les colonies fournissent de l'indigo à des prix modérés. Elle est très-précoce, résiste à toutes les intempéries. Sa graine peut servir de nourriture aux bestiaux, qui paraissent moins s'accommoder de ses tiges et de ses feuilles.

Le *safran* se cultive également beaucoup moins aujourd'hui qu'autrefois. Ses fleurs donnent une teinture fine en jaune clair ; elles se récoltent jour par jour, à mesure qu'elles s'épanouissent.

Depuis peu d'années seulement on cultive en grand le *topinambour*. Il donne des récoltes considérables, propres à la nourriture de tous les animaux. On en extrait aussi, par la distillation, de l'alcool bon pour la préparation des vernis et pour divers autres usages ; enfin on peut le manger cuit, et il a par sa saveur beaucoup de rapport avec le porte-foin de l'artichaut.

Ses tubercules ne gèlent jamais et se développent dans des terres médiocres ; les tiges fournissent un combustible assez abondant.

Le topinambour se cultive comme la pomme de terre ; la plantation se fait à l'automne ou de bonne heure au printemps. Cette plante se reproduit d'elle-même quand elle s'est trouvée une fois dans un terrain, et il est difficile de la faire disparaître ; mais cet inconvénient est compensé largement par ses qualités et la facilité avec laquelle elle croît dans les plus mauvais sols.

L'igname de la Chine est une plante à racines tuberculeuses, très-longues et en forme de massue. On l'a proposée pour remplacer la pomme de terre. Elle paraît réussir dans les terres légères ; car la profondeur à laquelle ses racines arrivent est quelquefois de plus d'un mètre, ce qui rend la récolte très-difficile. Je ne veux pas, mes amis, m'arrêter à vous en entretenir plus longtemps, car ses avantages ne sont pas encore bien reconnus. Je ne vous dirai rien non plus de la culture du *riz*, ni de celle du *tabac* : le riz ne se cultive que dans quelques terrains gras, humides et naturellement fertiles ; la culture du tabac n'est pas libre en France, l'administration déterminant chaque année les cantons où elle est permise, et la surface des terres sur laquelle elle doit s'exercer.

Je vais terminer cette lecture par quelques lignes sur la succession des récoltes.

Quand je me suis occupé des moyens de reproduire toutes les plantes de la grande culture, j'ai fait connaître celles avant ou après lesquelles on peut confier chacune à la terre. Cette succession intelligente et basée sur la connaissance que le cultivateur doit avoir de chaque végétal, s'appelle un *assolement*. On donne le nom de *sole* à la partie des terres qui est consacrée à une culture spéciale.

Vous avez aussi appris, mes bons amis, que la terre, même la plus fertile, ne peut donner constamment les mêmes produits; car certaines plantes épuisent le sol plus vite que d'autres.

Les plantes *épuisantes* (et l'on classe parmi elles les céréales, les pommes de terre, les racines, le lin, le chanvre), prennent beaucoup à la terre, et ne lui rendent rien.

Les plantes *fertilisantes*, comme les légumineuses, les trèfles, les luzernes, le sainfoin, coupées avant la floraison, épuisent moins le sol; car elles vivent beaucoup plus dans l'air, par leurs feuilles, que dans la terre, par leurs racines.

Il faudra donc faire succéder à une plante épuisante une plante fertilisante, et éviter de la semer deux fois de suite sur le même sol. Mais rien d'absolu ne peut être indiqué pour cette succession des récoltes; aucune méthode n'est applicable à toutes les circonstances. En effet, ce sont surtout les engrais copieux, les instruments perfectionnés, le travail, qui font réussir en agriculture. Le cultivateur, après avoir étudié la nature de ses terres, les besoins du pays qu'il habite, les débouchés qui se présentent pour la vente des produits, s'arrête à la culture qui lui paraît la plus avantageuse. Ce qu'il faut qu'il cherche principalement à obtenir, ce sont des fourrages pour ses bestiaux ; par ce moyen il aura des engrais qui répareront les pertes que la culture de tel ou tel végétal aura occasionnées à la terre.

On peut classer ses récoltes à peu près dans l'ordre suivant :

1re *Année* : pommes de terre, betteraves, carottes, sur une fumure ;

2me *Année* : céréales de printemps, blé de mars, orge, avoine avec trèfle ;

3me *Année* : trèfle, sainfoin, etc. ;

4me *Année* : céréales, autant que possible avec un engrais en poudre, répandu en même temps que la semence.

Je suppose que la terre ne se repose pas, qu'il n'y a pas de *jachère*. La jachère n'est réellement utile que pour une terre infestée de mauvaises herbes, qu'on ne peut détruire par les labours, ou lorsque les amendements, les engrais, les plantes perdent de leurs qualités.

QUESTIONS : Qu'est-ce que le *houblon* ? — Quelle terre exige-t-il ? — Quels engrais lui conviennent ?—Quels soins exige-t-il ? — Quand se fait sa récolte? — A quoi sert le *chardon* ou *cardère* ? — Quelle terre aime-t-il ? — Comment le sème-t-on ? — Comment et quand se fait sa récolte? — Qu'est-ce que la *cameline* ?— Comment se sème-t-elle ? — Quel est son produit ?— Pourquoi cultive-t-on la *moutarde blanche* ? — Quel sol exige la *moutarde noire* ? — Y a-t-il avantage à la cultiver ?-A quoi peut s'utiliser le *lupin* commun et quelle terre veut-il ? — Quel produit tire-t-on de la *garance?*-Quel sol réclame-t-elle ? — Quel temps et quels soins exige-t-elle avant sa récolte ? — Que fournit la *gaude?* — Quand et comment se sème-t-elle ? — Quels soins exige-t-elle ? — Comment se récolte-t-elle ? — Quel est le produit des tiges? — A quoi sert la graine? — Dans quelles terres cultive-t-on le *pastel?* — Quel produit en obtient-on ? — Pourquoi cette plante est-elle moins cultivée qu'autrefois? — Dites ce que vous savez du *safran?* — A quoi sert le *topinambour?* — Est-il avantageux de le cultiver ? — Dites ce que vous savez de l'*igname* de la Chine?—Où cultive-t-on le *riz?* — La culture du *tabac* est-elle libre? — Qu'entend-on par *assolement?* — Par plantes *épuisantes, fertilisantes?*-Comment ces plantes doivent-elles se succéder? — De quoi dépendent surtout les succès en agriculture? — A quelles plantes le cultivateur doit-il donner la préférence?-Comment peut-on faire succéder les récoltes? — Que faut-il semer la 1re année; la 2e année; la 3e année; la 4e année? — La *jachère* est-elle utile?

TRENTE-NEUVIÈME LECTURE.

Quelques mots sur les soins à donner aux Bestiaux.

Les animaux qu'on appelle *domestiques* parce qu'ils nous servent, nous obéissent, parce qu'ils traînent nos chariots, nos voitures, nos charrues, portent nos fardeaux, nous donnent du lait, du beurre, du fromage, des œufs, surveillent nos troupeaux, nous alimentent de leur chair et nous fournissent d'abondants engrais, doivent être de notre part, mes chers amis, l'objet de beaucoup de soins et même de certains égards. Ce sont des serviteurs dociles; il faut les bien traiter. Croyez-le bien, d'ailleurs, tous ces animaux savent reconnaître plus que vous ne l'imaginez la main qui les nourrit et qui a soin d'eux; à vous seuls, qui êtes leurs maîtres, ils obéissent: ils résisteront aux ordres d'un étranger. Si vous les maltraitez, au contraire, ils se souviendront toujours des mauvais traitements que vous leur aurez infligés, et si l'occasion se présente pour eux de s'en venger, ils le feront cruellement. Du reste, les lois protectrices des animaux domestiques punissent avec rigueur ceux qui les brutalisent, Il est évidemment, d'ailleurs, de l'intérêt du propriétaire de ne point accabler de travail ou de coups ses bêtes de trait ou de labour; car les chevaux, les bœufs, attelés à des chariots trop lourds pour leurs forces, meurent fréquemment des efforts inouïs qu'ils ont faits pour céder au fouet et au bâton : il vaut bien mieux diminuer la charge, faire deux voyages au lieu d'un, que de payer chèrement sa cruauté.

Tous les animaux ont besoin d'une nourriture abondante, convenable et donnée à des heures réglées. Mieux on les nourrit, plus ils ont de force et de vigueur pour travailler; plus aussi ils fournissent de fumier. Dans l'intérêt de leur santé et pour provoquer leur appétit, il faudra varier leur nourriture le plus qu'il sera possible.

Vous ne donnerez pas brusquement du fourrage vert en remplacement du fourrage sec, ni du fourrage sec après du vert, sans mêler d'abord une demi-ration ou un quart de ration de vert au sec ou de sec au vert. Servez également le foin mélangé avec de la paille ; l'expérience a reconnu qu'il y avait de grands avantages à agir ainsi.

En hiver, afin de rafraîchir vos bestiaux, donnez-leur des racines fourragères. Les **carottes à collet** vert et les autres variétés, coupées en morceaux, conviennent surtout aux chevaux ; les bœufs, les chèvres les aiment, ainsi que les betteraves. Cette alimentation donne aux vaches laitières un lait plus abondant et de meilleure qualité.

Ne laissez pas brouter par vos bestiaux, ne leur servez pas d'herbe mouillée; évitez de les faire sortir par un temps humide.

Que vos foins *avariés*, c'est-à-dire gâtés, en tout ou en partie, soient employés en litière, et non comme nourriture.

Quand une rivière, un étang, une mare sont à proximité de la ferme, il faut y conduire vos chevaux matin et soir : si c'est en hiver, évitez qu'ils entrent dans l'eau; s'ils y entrent malgré votre surveillance, ayez soin de les bouchonner et de faire tomber l'eau, dès qu'il sont rentrés dans l'écurie.

Pansez tous vos bestiaux, c'est-à-dire servez-vous tour à tour de l'étrille, du bouchon de paille, de l'eau afin de nettoyer leurs corps.

Battez, de temps à autre, les colliers, afin qu'ils soient bien bourrés, bien arrondis, surtout dans les endroits où portent les traits. Faute de ce soin, il arrive souvent des blessures qui se guérissent d'autant plus difficilement que l'animal continue à travailler. L'eau vinaigrée, ou mêlée à un peu d'eau-de-vie, convient pour les faire sécher.

Lavez vos moutons quelques jours avant la tonte préservez-les de tout excès de chaleur et d'humidité.

Que la litière soit abondante et souvent changée dans les écuries, dans les étables, dans les bergeries, dans le poulailler, dans la porcherie ; que l'air en soit renouvelé plusieurs fois par jour.

En prenant ces précautions, qui ne coûtent qu'un peu de temps et de bon vouloir, en se procurant des animaux bien conformés, vous aurez rarement à redouter ces maladies graves et fréquentes qui désolent les cultivateurs et quelquefois les ruinent. En général, je le répète, les épizooties et les autres accidents qui occasionnent la mort ou la mise hors de service des bestiaux, proviennent de l'insuffisance de la nourriture, de sa mauvaise qualité, d'écuries malsaines ou trop étroites, du défaut de soins, du travail excessif et des mauvais traitements.

Les maux d'yeux se guérissent en lavant ces organes avec l'eau froide, après avoir enlevé les corps étrangers qui s'y sont introduits.

La *clavelée*, qui attaque les moutons, se combat en leur faisant boire des infusions de centaurée ou du vin chaud. Il faut isoler des autres ceux qui en sont attaqués, car cette maladie est contagieuse.

Il en est de même du *charbon* et de la *morve* qui attaquent les bœufs et les chevaux.

Le *charbon* est la maladie la plus dangereuse qui sévit sur le gros bétail. Elle s'annonce par la tristesse, l'abattement, le dégoût. Mais le symptôme le plus caractéristique, c'est l'apparition à la peau de tumeurs qui, d'abord du volume d'une noix, acquièrent, en quelques heures, un développement considérable.

L'incision de ces tumeurs et la cautérisation par le fer rouge doivent être pratiquées immédiatement.

Il faut éviter de s'approcher des animaux malades, surtout quand on a des écorchures ou des crevasses aux mains ; car on pourrait s'inoculer le mal.

Les animaux morts de maladies contagieuses et surtout du charbon doivent être enterrés sans délai et profondément, si l'on ne veut pas exposer d'autres animaux et l'homme lui-même à être atteints et à périr de cette maladie, qui peut parfois se développer à la piqûre d'une mouche qui se serait posée sur le cadavre.

Les chevaux, les vaches et les moutons, après avoir mangé du trèfle, sont souvent exposés à une enflure ou gonflement des flancs. Il faut se hâter d'arrêter le mal. Quelquefois une promenade suffit ; mais il est toujours utile d'administrer au malade une cuillerée d'eau de javelle ou d'alcali volatil (ammoniaque liquide) dans un litre d'eau. Un cultivateur prévoyant aura toujours chez lui un flacon de ces substances. On recommence plusieurs fois de suite, en ne donnant la dose que de 10 en 10 minutes.

Trente grammes de salpêtre ou quinze de pétrole délayés dans un verre d'eau produisent le même résultat. Il est bon aussi de frotter fortement tout le corps de l'animal.

Quand les maladies sont graves, ayez recours à des vétérinaires, exerçant en vertu de titres délivrés après des études sérieuses ; ne consultez pas les charlatans, qui malheureusement abusent encore si souvent de la confiance peu éclairée de certains cultivateurs.

Il est une chose que vous pouvez faire, comme font beaucoup de fermiers dans le pays que j'habite. Ils s'abonnent avec un vétérinaire qui, pour une somme modique, d'autant moindre qu'il y a plus d'abonnés dans la commune, visite fréquemment leurs bestiaux afin d'examiner l'état de leur santé, et les traite quand ils sont malades. Faites comme eux et vous préviendrez bien des accidents.

QUESTIONS : Qu'entend-on par animaux *domestiques* et pourquoi leur donne-t-on ce nom ? — Doivent-ils être bien traités et pourquoi ? — Quels soins doit-on prendre pour leur nourriture dans les différentes saisons de l'année ? — N'est-il pas utile de les conduire boire au dehors quand cela est possible ? — Les bestiaux n'exigent-ils pas de plus des soins de propreté ? — Ne doit-on pas surveiller les harnais ? — Comment se guérissent généralement les blessures qu'occasionnent les traits ? — Quelles sont les précautions à prendre avant la tonte des moutons ? — Comment doit être la litière ? — N'évite-t-on pas beaucoup de maladies en donnant des soins aux bestiaux et en les choisissant bien conformés ? — Comment se guérissent les maux d'yeux ? — Comment se combat la *clavelée ?* — Qu'est-ce que le *charbon ?* — Quels symptômes le font connaître ? — Quels premiers soins sont à prendre ? — Que doit-on faire des animaux morts du charbon ? — Quel traitement doivent subir les animaux enflés ou gonflés après avoir consommé un fourrage vert mouillé ? — Que faut-il faire quand les animaux de la ferme sont gravement malades ?

QUARANTIÈME LECTURE.
Conseils hygiéniques.

Je ne veux pas achever ce livre, mes chers amis, sans vous indiquer quelques-unes des précautions que vous aurez à prendre pour conserver ou pour améliorer votre santé. L'art de conserver sa santé et de l'améliorer s'appelle *hygiène*.

Si la santé est précieuse pour le riche, elle est plus précieuse encore pour le pauvre, pour le cultivateur, pour tous ceux qui demandent au travail le pain de chaque jour : « Ici, dit un auteur qui me pardonnera d'avoir pris une partie des conseils qui vont suivre dans son excellent ouvrage (1), ici, la santé, c'est le trésor auquel on puise tous les jours ; c'est le pain qui nourrit, c'est la boisson qui désaltère, c'est le feu qui réchauffe, c'est le vêtement, c'est la maison qui réunit la famille et où se développent les plus doux sentiments : c'est tout l'homme. »

« Je n'ai pas le temps d'être malade, » me répondit un ouvrier à qui je demandais des nouvelles de sa santé. L'homme qui vit de son travail n'a pas, en effet, le temps d'être malade ; quand il perd un instant, il ne trouve plus, au bout de la semaine, de quoi se nourrir, lui et sa famille.

Il devra donc prendre mille précautions pour éviter la maladie.

Dans les premières lectures, j'ai dit que le cultivateur jouit généralement d'une santé meilleure que l'habitant des villes. L'air qu'il respire au dehors, l'exercice auquel il se livre, sa nourriture plus saine quoiqu'en apparence plus grossière ; son pain bis, non-seulement plus savoureux que le pain blanc, mais encore plus nourrissant, tout, depuis son enfance jusqu'à sa vieillesse, le rend plus robuste que l'ouvrier de la ville, qui, le plus souvent, reste pâle, maladif, infirme.

---

(1) D' Max Simon, *Hygiène du corps et de l'âme*.

A la ville, chaque classe, chaque métier exposé à des accidents, à des maux qui lui sont inhérents.

Les teinturiers, les blanchisseurs, les bateliers ne séjournent-ils pas constamment dans l'humidité? Le tisserand n'est-il pas obligé d'exercer son métier dans des rez-de-chaussée, dans des caves même, insalubres et malsaines? car, ailleurs, la gomme dont il enduit ses fils sécherait, et ces fils casseraient. Ceux qui travaillent la laine, le coton, le feutre, les tailleurs de pierre, les plâtriers n'absorbent-ils pas des poussières, des duvets, qui, à la longue, déterminent des maladies dangereuses? Parlerai-je des tourneurs en métaux? Citerai-je les peintres en bâtiment, les fabricants de céruse, qui s'empoisonneraient promptement s'ils ne prenaient pas les plus grandes précautions? Si les corroyeurs, les tanneurs, les bouchers, les bourreliers ont entre les mains des peaux d'animaux morts du charbon, de la morve, etc., pensez-vous qu'ils n'aient pas à craindre la contagion?

Le passage brusque d'une température très-chaude, comme celle des verreries, des forges, à un air froid, n'occasionne-t-il pas à ceux qui s'y exposent des rhumes très-dangereux, des fluxions de poitrine?

Enfin (car il faut que je m'arrête), les tailleurs, les cordonniers, les hommes de bureau n'ont-ils pas à redouter les suites d'une trop constante immobilité?

Je ne parle pas du mauvais air qu'on respire dans les ateliers, air qu'il est parfois impossible de renouveler souvent.

Votre travail, mes amis, a lieu au grand air et à la lumière ; il n'entraîne avec lui aucun de ces maux des villes. Ce qui peut seul vous nuire, c'est le défaut d'habitations convenables. Tantôt elles sont trop basses ou trop humides, des caves ne se trouvent pas sous les chambres à coucher ; tantôt elles manquent de fenêtres, d'ouvertures qui permettent à l'air de circuler librement ; tantôt des arbres trop rapprochés empêchent la lumière d'y pénétrer ; tantôt des mares d'eaux croupissantes, laissées à proximité, répandent des miasmes qui corrompent l'air d'alentour. Veillez donc avant tout à ce que vos demeures soient convenablement disposées ; ne craignez pas de sacrifier quelque argent dans ce but ; votre santé en dépend. Faites surtout que l'air y soit toujours abondant et toujours pur.

« L'air, ajoute l'auteur déjà cité, c'est le pain de la respiration ; il se respire au lieu de se manger. »

Je vous l'ai dit déjà plusieurs fois, mes amis, et je répète que certaines parties de l'air seulement entretiennent la vie ; les autres qui sont rejetées au dehors sont nuisibles ; il faut donc éviter de les absorber une seconde fois. « Si l'on vous proposait, écrit encore le docteur Simon, de manger des aliments malpropres, les mangeriez-vous ? mangeriez-vous ce que vous avez déjà mangé une première fois ? Non certainement. Cependant, vous le faites quand vous respirez un air auquel se mêlent les émanations du voisinage, quand vous continuez de respirer celui dont vous avez épuisé le principe vital. Ne pas changer l'air de son logement, en ouvrant les portes et les fenêtres plusieurs fois par jour, surtout en été, c'est vivre des ordures de la veille. »

Il vous arrive fréquemment, quand vous entrez dans une chambre qui n'a pas été ouverte depuis longtemps, de dire : « Il ne sent pas bon ici ; il sent le *renfermé*. » Si vous vous trouvez dans une salle où sont réunies depuis quelque temps un trop grand nombre de personnes, vous souffrez, vous étouffez.

Cette altération de l'air provient du manque de l'un de ses éléments qu'on appelle *oxygène* et de la surabondance d'un autre élément qu'on nomme *acide carbonique*.

Elle se reconnaît à ce que, dans l'air vicié, la flamme des bougies allumées perd son éclat et s'éteint même, et cela parce que, de même qu'il faut à l'homme de l'oxygène pour vivre, il en faut aux corps combustibles pour brûler.

Vous avez l'habitude de laisser dans vos chambres à coucher des fleurs, et surtout des fruits. En agissant ainsi, vous commettez de graves imprudences; car il s'échappe de ces fleurs et de ces fruits, dont vous aimez à respirer l'odeur, des gaz qui vous *entêtent*, pour me servir d'une expression employée par vous, qui peuvent même occasionner la mort aussi sûrement que la vapeur du charbon.

Je vous ai déjà recommandé une très-grande propreté dans vos demeures ; je vous recommande de plus ici une très-grande propreté sur vous-mêmes.

Les vêtements du cultivateur ne peuvent pas être riches, ils sont souvent rapiécés; mais ils peuvent être conservés propres et doivent être changés quand ils ne le sont pas.

« Le corps est l'image de l'âme, » dit-on. L'homme qui porte des vêtements souillés, dont les parties extérieures du corps ne sont l'objet d'aucun soin, donne de lui une mauvaise opinion. Bien plus, si vous ne nettoyez pas avec régularité votre visage, vos mains, vos pieds; si, durant la belle saison, vous ne prenez pas des bains complets, et si, dans l'hiver, à défaut de bains chauds, vous ne vous lavez pas le corps entier au moyen d'un linge ou d'une éponge, il s'accumulera sur vous une couche de crasse plus ou moins épaisse qui, à la longue, produira de fâcheux résultats pour votre santé.

Afin de comprendre l'importance de ces soins, sachez, mes amis, qu'outre la *sueur* qui s'échappe de notre corps quand nous nous sommes livrés à un violent exercice, il s'en échappe continuellement des liquides qui, s'ils restaient au dedans de nous, occasionneraient des maladies. Or, ces liquides ne pourront sortir qu'autant que la surface du corps sera propre.

Les garçons d'écurie, les palefreniers étrillent leurs chevaux, ils les bouchonnent, ils les lavent. En prenant ces soins, ils savent qu'ils maintiennent leur santé en bon état. Pourquoi n'en font-ils pas de même pour eux? L'eau ne manque nulle part : Dieu l'a répandue avec profusion sur toutes les parties de la terre; qu'on s'en serve donc.

Puisqu'il est question de l'eau, qui joue un rôle important dans l'hygiène, et comme elle est aussi la boisson ordinaire du laboureur, laissez-moi vous dire comment on peut reconnaître celle qui est *potable*, ou bonne à boire. Elle se reconnaît à sa limpidité, à sa douceur, à l'absence de saveur ou d'odeur désagréable : elle cuit la viande et les légumes sans les durcir. La meilleure eau est l'eau de pluie ; on la recueille dans des tonneaux ou dans des citernes. Les eaux de sources, de rivières et de ruisseaux sont aussi de bonne qualité. Il n'en est pas de même de celle de certains puits, des eaux de mares, d'étangs, qui souvent sont impures, ou le deviennent par l'infiltration du jus de fumier, de l'urine des bestiaux, ou par le séjour des tiges de chanvre et de lin.

On peut s'en servir pourtant, à défaut d'autres, après les avoir *filtrées*. Le *filtre* le plus simple se compose d'une caisse en bois, un tonneau par exemple, divisé en deux étages par une planche percée de petits trous. Sur cette planche, on met plusieurs couches de grès ou de charbon de bois, et on recouvre le tout d'une seconde planche semblable à la première.

L'eau versée dans l'étage supérieur, après avoir traversé le grès ou le charbon, tombe au fond du tonneau, claire, limpide et bonne à boire.

Si vous voulez conserver votre santé, soyez tempérants, c'est-à-dire ne faites aucun excès dans le boire ni dans le manger. D'ailleurs, le laboureur n'en a pas le temps ; ses travaux sont impérieux ; une journée, une demi-journée perdue en plaisirs compromettrait les fruits de toutes ses peines de la saison. Je me bornerai donc à vous répéter ce que je vous ai déjà dit : si vous pouvez consacrer certaines sommes à l'achat de vin, de cidre, de bière, ou si vous récoltez vous-mêmes vos boissons, ménagez-les pour vos repas et pour les époques de l'année où vos occupations seront les plus pénibles. Prises modérément au moment des repas, elles stimulent la digestion ; dans d'autres temps, et surtout en excès, elles sont funestes : « Ces boissons, s'écrie l'auteur déjà cité, c'est le coup d'éperon qui fait marcher la bête, c'est le soufflet qui fait brûler le feu. Or, de même qu'on n'éperonne pas le cheval la veille pour le faire marcher le lendemain, qu'on ne souffle pas le feu le soir pour le faire brûler le matin, de même aussi, ce ne sont pas les bouteilles vidées le dimanche qui vous donneront des forces pour mieux travailler le lundi. Du reste, comme on le lit dans Franklin, « il en coûte plus cher pour entretenir un vice que pour élever deux enfants, et l'ivrognerie épuise la bourse, ruine la santé et gaspille le temps, qui est *l'étoffe dont la vie est faite.* »

A la campagne comme à la ville, l'habitude de fumer du tabac est devenue générale. Ne la contractez pas, mes amis; vous éviterez ainsi une dépense de temps et d'argent. Cinq centimes employés inutilement chaque jour à acheter du tabac font 18 francs à la fin de l'année ; dix minutes consacrées à le brûler produisent plus d'une heure à la fin de la semaine. A quels dangers de plus les fumeurs n'exposent-ils pas les maisons et les récoltes ? Bien des incendies, dans les communes rurales, sont dus à l'imprudence avec laquelle ils laissent tomber des étincelles sur quelque plante sèche.

Une seule circonstance pourrait autoriser l'usage de la pipe; c'est le séjour dans des contrées marécageuses. On prétend que la fièvre des marais, si commune dans l'ancienne Dombes, a presque entièrement disparu depuis que les habitants ont pris l'habitude de fumer. Mais ne doit-on pas aussi, et peut-être même plutôt, attribuer cet heureux résultat aux travaux d'assainissement de ces contrées ?

Dans tous les cas, l'usage de la pipe est également pernicieux à la santé, surtout lorsqu'il excite une abondante salivation, qui épuise le travailleur plus rapidement encore que l'homme oisif.

J'ai parlé de l'humidité des habitations; j'ajoute que souvent le cultivateur se couche sans précaution sur la terre humide, qu'il boit, ayant chaud, l'eau glacée des sources ; tout cela l'expose à des maladies souvent mortelles.

Durant les orages, il se réfugie sous les arbres ; il a tort encore en cela: la foudre frappe les points les plus élevés, et malheur à ceux qui se trouvent dans leur voisinage ! Il vaut mieux, dans ce cas, se laisser mouiller en pleine campagne.

Les domestiques ont ordinairement leur lit dans les étables, dans les écuries; qu'ils cessent d'y coucher, s'il s'y trouve des animaux atteints de maladies contagieuses, comme la morve, le farcin, la clavelée.

Durant la fenaison, la moisson, évitez l'excès de travail : « la santé avant tout. »

Quand vous vous trouvez fatigués, reposez-vous quelque temps; prenez une nourriture fortifiante.

Les lourdeurs de tête se guérissent, ou se soulagent au moins par des bains de pieds ou par des infusions des plantes indiquées dans la vingt-septième lecture.

Après un *chaud et froid*, couchez-vous et provoquez immédiatement en vous une transpiration abondante : vous échapperez ainsi le plus souvent à une fluxion de poitrine.

S'il existe dans le village une *épidémie*, c'est-à-dire une de ces maladies qui atteignent presque en même temps un grand nombre de personnes, abstenez-vous plus encore de tout excès ; redoublez de soins de propreté autour de vous, autour des malades, s'il y en a dans votre famille.

Je termine ces conseils hygiéniques, mes chers amis, en vous disant encore de ne pas commettre ces imprudences si fréquentes chez les habitants des campagnes, dont les résultats causent des maux irréparables et quelquefois terribles.

Ainsi, en chargeant ou en portant un fardeau, vous faites un effort violent, une chute grave, qui occasionnent une gêne ou paralysent les mouvements d'un membre ; gardez-vous de vous confier aux *rebouteurs, regogneurs, rhabilleurs* ou *renoueurs,* mais consultez le médecin cantonal, qui, si vous êtes pauvres, vous donnera gratuitement ses conseils et ses soins.

Ne croyez jamais aux prétendues maladies attribuées à un *sort :* il n'est donné à aucun homme d'exercer une pernicieuse influence sur ses semblables, et tous les prétendus *sorts* jetés par des êtres malins ne sont que des contes absurdes basés sur de sottes croyances.

Dans les cas, heureusement rares, de morsures par un chien ou par un autre animal enragé, n'hésitez pas à recourir immédiatement à la *cautérisation*, c'est-à-dire à l'introduction, dans les traces de la morsure, d'une aiguille à bas rougie au feu ou à la chandelle. Cette opération, qui est peu douloureuse, suffit pour annihiler ou rendre nulle l'influence du venin.

S'il y a déchirement des chairs, ce qui nécessite alors la cautérisation à l'aide d'acide nitrique (eau-forte), adressez-vous encore au médecin; ne croyez pas à l'efficacité de certaines *omelettes*, ou à celle d'autres secrets qui vous laissent dans une fausse sécurité, vous exposent à la plus terrible des maladies et à la mort la plus horrible.

Ce qu'il importe le plus quand vous souffrez, c'est de combattre le mal à son début; une petite négligence peut occasionner de graves accidents. Appelez donc, avant que la maladie ait fait des progrès, les secours d'un homme de l'art; vous ferez moins de frais en l'appelant plus tôt, parce que, commencée à temps, la guérison sera plus courte, et vous serez plus sûrs d'être sauvés.

QUESTIONS : Qu'est-ce que *l'hygiène?* — Pourquoi la santé est-elle plus précieuse encore pour le pauvre que pour le riche? — L'habitant des campagnes n'a-t-il pas en général une meilleure santé que l'habitant des villes? — Beaucoup de métiers dans les villes ne contribuent-ils pas à occasionner des maladies? — Quels sont ces métiers? — Que manque-t-il aux habitants des campagnes pour que leur santé soit meilleure?— Quelles sont les conditions d'une habitation saine? — Pourquoi

ut-il renouveler l'air des habitations? — Doit-on laisser des
eurs et des fruits séjourner dans les chambres? — En quoi
oit consister la propreté dans les vêtement? — De la personne
u cultivateur? — Pourquoi cette propreté? — Quels sont les
1oyens de connaître les eaux potables? — Comment peut-on
endre potables des eaux qui ne le sont pas? — La *tempérance*
e contribue-t-elle pas à conserver la santé? — A quoi conduit
intempérance? — Pourquoi l'habitant des campagnes ne doit-
pas contracter l'habitude de fumer? — Est-il prudent de se
oucher sur la terre humide? — De se mettre à l'abri sous des
rbres au moment des orages? — Et pour les domestiques de
a ferme, de coucher dans des écuries où se trouvent des ani-
naux atteints de maladies contagieuses? — L'excès du travail
e doit-il pas être évité? — Comment se guérissent les lour-
eurs de tête? — Ce qu'on appelle vulgairement un *chaud et
roid?* — Que doit-on faire dans le cas d'une *épidémie?* — Doit-
n avoir recours aux *renoueurs* quand des membres sont ou
araissent disloqués? — Doit-on croire aux *sorts?* — Que faut-
faire après une morsure d'un *animal enragé?*

QUARANTE ET UNIÈME LECTURE.

Mes amis, je vais maintenant vous raconter en
eu de mots la vie de quelques-uns des hommes qui
nt acquis le plus de droits à la reconnaissance des
ultivateurs, soit en protégeant et en encourageant
eurs travaux, soit en leur communiquant par leurs
uvrages et leurs enseignements les fruits de leur ex-
érience.

Auparavant, j'esquisserai brièvement l'histoire de
'Agriculture.

Comme le premier besoin de l'homme est de
e nourrir, et que sa principale nourriture lui
st fournie par la terre, il est naturel de penser que
'art de cultiver le sol a été le premier connu. En ef-
et, nous voyons dans l'Histoire Sainte que, dès l'o-

rigine, les hommes furent tous des cultivateurs : Caïn et Abel offraient en sacrifice au Seigneur les produits de leurs champs et les plus beaux de leurs agneaux ; car l'élève du bétail est une conséquence immédiate de la culture de la terre.

L'Égypte paraît avoir été la première contrée où l'agriculture ait fait de grands progrès. Le sol, d'ailleurs, fécondé chaque année par les débordements du Nil, y était naturellement fertile, la température douce.

Aussi l'abondance y régnait toujours ; c'est là qu'Abraham et, plus tard, les fils de Jacob allaient se fournir de blé et de grains quand la famine désolait leur pays.

Les Israélites, vous le savez, attirés par Joseph, habitèrent longtemps l'Égypte, et y devinrent d'habiles cultivateurs ; et quand, après leur fuite, ils peuplèrent le pays de Chanaan, ils y firent régner la fertilité.

Non loin de là, en Babylonie, les Chaldéens surpassèrent les Égyptiens et les Hébreux en science agricole ; ce furent eux, on le croit du moins, qui firent, les premiers, usage de fumiers pour rendre la fécondité à un sol épuisé, et qui comprirent l'utilité d'une succession régulière des récoltes. Aussi ne furent-ils jamais contraints de changer de demeures, comme tous ces peuples barbares de l'Occident qui parcouraient le monde, tirant d'une contrée tout ce qu'elle pouvait produire par une culture grossière, et se jetant sur une autre quand la première était épuisée.

Avec les Égyptiens, les Israélites et les Chaldéens, on peut encore citer les Phéniciens, les Grecs, les Carthaginois et les Romains, comme s'étant sérieusement adonnés à l'agriculture.

La Sicile, par exemple, sous la domination des Romains, produisait du blé en telle abondance, qu'on la nommait le *grenier* de Rome, de même qu'aujourd'hui la Beauce et la Brie sont appelées les greniers de Paris.

En France, ou plutôt dans la Gaule, comme notre pays se nommait autrefois, les peuples étaient barbares et plus occupés des combats que des paisibles travaux des champs.

Plus tard, ceux qui cultivaient la terre, esclaves de seigneurs ignorants et cruels parfois, ne songeaient guère à améliorer la culture; car le produit de leurs sueurs n'était pas pour eux.

Ce n'est que vers la fin du seizième siècle, lorsque le pays fut plus tranquille, sous un roi qui prenait à cœur ses vrais intérêts, que l'agriculture fit des progrès dans notre pays. Protégée, encouragée par Henri IV et surtout par Sully, son ministre, aidée des travaux d'Olivier de Serres, qui publia, en 1600, le premier ouvrage sur cette science, elle commença à se débarrasser des entraves de la routine et à raisonner ses travaux.

Bientôt, malheureusement, les guerres qui affligèrent la France découragèrent les cultivateurs, et leur art resta stationnaire. Le règne de Louis XVI vint heureusement donner à l'agriculture une nouvelle impulsion, et lui faire prendre un rang parmi les sciences. L'institution des sociétés agricoles date de 1761. En 1788 fut constituée celle qui porte aujourd'hui le nom de *Société nationale et centrale d'Agriculture.*

Depuis cette époque, de nombreux ouvrages ont été publiés sur l'agriculture ; mais la plupart sont plus théoriques que pratiques. Il le fallait, d'ailleurs : il fallait que la science sanctionnât avant tout les diverses méthodes.

Aujourd'hui, plus sûr de la théorie, on propage et on perfectionne de toutes parts la pratique : les Fermes-Écoles, qui se sont élevées de tous côtés sur le modèle de celle que Mathieu de Dombasle fonda à Roville, les écoles régionales reçoivent chaque année les jeunes gens des campagnes et les instruisent à fond dans leur art ; or, comme vous le savez déjà, mes amis, des Comices, des Sociétés agricoles prodiguent périodiquement des récompenses et des encouragements.

Le Gouvernement protége ces institutions, les subventionne, et il offre lui-même des primes considérables, à l'occasion des concours régionaux, aux exploitations les mieux dirigées, aux produits les plus remarquables, aux instruments, soit nouveaux, soit perfectionnés, qui servent à l'agriculture, enfin aux animaux qui présentent le plus d'avantages pour le travail, pour le laitage, pour les toisons et pour la boucherie.

Le chef de l'État lui-même donne l'exemple : la Sologne, la Champagne et les Landes lui devront la mise en culture de nombreux terrains jusqu'alors incultes.

QUESTIONS : L'art de cultiver le sol est-il ancien ? — Quelle est la contrée où l'agriculture a fait d'abord les plus grands progrès ? — Quels sont les peuples qui imitèrent l'exemple des Égyptiens ? — Quel fut l'état de l'agriculture en France dans les premiers siècles ? — Dites-nous le nom des hommes qui, en France, au seizième siècle, s'occupèrent des intérêts agricoles ? — A quelle époque remonte l'institution des Sociétés agricoles ? — Que fait-on aujourd'hui dans notre patrie pour les progrès de l'agriculture, et quels moyens emploie-t-on pour l'encourager ?

QUARANTE-DEUXIÈME LECTURE.

Olivier de Serres.

Dans la lecture précédente, mes bons amis, j'ai prononcé le nom d'*Olivier de Serres*. Cet homme de bien, l'un des riches et honorables seigneurs du seizième siècle, peut être regardé comme le père de l'agriculture française. C'est lui qui fut le premier écrivain agricole, ou du moins le premier qui traita ce sujet avec quelque autorité ; les livres des anciens, étant écrits en latin, ne pouvaient être utiles à nos cultivateurs.

D'abord soldat, Olivier prit part aux querelles religieuses qui désolaient la France ; mais bientôt, las des guerres et des persécutions, il se retira dans son domaine de Pradel, et ce fut au sein des paisibles travaux des champs qu'il composa son *Théâtre d'agriculture*, son plus beau titre à la reconnaissance de la postérité.

Voici ce qu'on lit dans une préface de son livre :

« Mon inclination et l'état de mes affaires m'ont
» retenu aux champs en ma maison, et fait passer
» une bonne partie de mes meilleurs ans, durant les
» guerres civiles de ce royaume, cultivant ma terre,
» par mes serviteurs, comme le temps l'a pu sup-
» porter. En quoi Dieu m'a tellement béni par sa
» sainte grâce, que, m'ayant conservé parmi tant
» de calamités, dont j'ai senti ma bonne part, je me
» suis tellement comporté parmi les diverses hu-
» meurs de ma patrie, que ma maison ayant été plus
» logis de paix que de guerres, quand les occasions
» s'en sont présentées, j'ai rapporté le témoignage
» de mes voisins, qu'en me conservant avec eux, je
» me suis principalement adonné chez moi à faire
» mon ménage. »

« Durant ce misérable temps-là, à quoi eussé-je
» mieux employé mon esprit qu'à rechercher ce qui
» est de mon humeur ? »

Le *Théâtre d'agriculture et de Ménage des champs* renferme, comme le dit encore son auteur, « *ce qui est nécessaire pour bien dresser, gouverner, enrichir, embellir une maison rustique.* »

Il y explique avec précision l'art de bien employer et cultiver la terre, suivant les différents climats, en fondant ses méthodes sur les doctrines des anciens et sur sa propre expérience.

C'est, en un mot, un véritable traité pratique d'agriculture ; et il est encore consulté avec fruit par tous ceux qui ne se laissent pas rebuter par le vieux style dans lequel il est écrit.

Ce n'est point, d'ailleurs, le seul ouvrage d'Olivier de Serres. Pour répondre au désir du roi Henri IV, qui, lui aussi, protégeait et encourageait sagement l'agriculture, voulant faire le bonheur de ses sujets, il avait publié, en 1599, un livre sur la manière d'élever les vers à soie et sur la culture du mûrier.

Tous ces travaux ont, comme ils le devaient, fait passer à la postérité le nom du seigneur du Pradel; un monument fut élevé, en 1804, à sa mémoire, et dernièrement encore une statue a été inaugurée en son honneur à Villeneuve-de-Berg, où il naquit. Toutes les Sociétés d'agriculture de France ont voulu contribuer par des souscriptions à l'érection de ce monument véritablement national, et son image est placée sur presque toutes les médailles d'honneur qu'on décerne aux habiles cultivateurs.

Olivier de Serres, seigneur du Pradel, naquit à Villeneuve-de-Berg (Ardèche) en 1539; il mourut le 2 juillet 1619.

Sully.

Sully est plus encore qu'Olivier de Serres le bienfaiteur de l'agriculture. De Serres enseignait; mais ses enseignements eussent peu servi, si la politique de Sully n'eût permis aux cultivateurs d'en profiter, en leur donnant la tranquillité nécessaire au travail.

Ministre et ami de Henri IV, il sut seconder d'une manière admirable les vues bienfaisantes du bon roi. La France, à peine remise d'une longue et horrible guerre civile, était désolée par les exactions de brigands, qui, sous le nom de soldats, dévastaient les campagnes : il réprima leurs violences.

De lourds impôts, nécessités d'abord par les dépenses de la guerre, puis continués sans raison par des magistrats iniques, ruinaient les laboureurs et entravaient leurs entreprises ; Sully les réduisit, sans que les besoins de l'État en souffrissent en rien, à de justes proportions.

Des droits onéreux empêchaient l'exportation des grains hors de la France et privaient par là le pays d'une source abondante de richesses ; il sut, par ses négociations, la rendre libre et maintenir ainsi les denrées à un prix favorable aux cultivateurs, sans excéder les facultés des autres classes laborieuses.

En un mot, il consacra tous ses efforts et sa puissance à la protection de l'agriculture, « cette nour-
» rice des races vigoureuses de corps et d'âme et
» des mœurs saines. » Aussi les peuples et surtout les laborieux habitants des campagnes bénissaient-ils le gouvernement de Henri IV, pendant sa vie, et n'ont-ils pas cessé, depuis sa mort, de le bénir par leurs regrets.

Sully naquit à Rosny, petit village près de Mantes (Seine-et-Oise), le 13 décembre 1560. Il mourut au château de Villebon (Eure-et-Loir), le 22 décembre 1641, à l'âge de 81 ans.

QUESTIONS : Que savez-vous d'Olivier de Serres, et à quoi se passèrent les premières années de sa vie?-Pourquoi se retira-t-il dans ses domaines?-Quels sont les ouvrages qu'il a publiés ? — Quelles sont les explications qu'on trouve dans le *Théâtre d'agriculture?* — Quand naquit Olivier de Serres? —

Quand mourut-il? — Comment la postérité a-t-elle honoré ce patriarche de l'agriculture?

Que fut Sully et quels bienfaits l'agriculture et les cultivateurs lui durent-ils? — Son nom a-t-il été honoré durant sa vie et après sa mort? — Quand naquit-il? — Quand et où mourut-il?

QUARANTE-TROISIÈME LECTURE.

La Pomme de terre et Parmentier.

La *pomme de terre* fut importée du haut Pérou (Amérique du Sud) en Europe par les navigateurs espagnols, et de l'Amérique du Nord par les Anglais. Ces derniers l'introduisirent en France. Elle se multiplia dans nos provinces méridionales après avoir été d'abord cultivée en Espagne et en Italie; Turgot étendit sa culture dans le Limousin et l'Anjou.

Mais l'exemple donné par ce grand ministre était arrêté par des préventions aveugles contre ce tubercule devenu aujourd'hui plus nécessaire que jamais. On répandait le bruit qu'il engendrait la lèpre, horrible maladie qui fit tant de victimes après les croisades; c'est ainsi qu'on appelle les guerres qui eurent lieu du milieu du onzième siècle au milieu du treizième, et qui avaient pour but la délivrance de Jérusalem possédée par les mahométans.

Sur l'avis de graves docteurs, on se contenta d'affirmer ensuite qu'elle causait des fièvres nombreuses.

Le gouvernement intervint à plusieurs reprises; il opposa à ces erreurs des réfutations émanées de la Faculté de médecine. Mais ses louables efforts n'étaient pas couronnés du succès qu'on devait attendre, et ce but, auquel ni le gouvernement ni la Faculté n'avaient pu arriver, fut atteint par un homme de bien que rien ne put arrêter dans ses désirs de servir l'humanité. Cet homme fut l'illustre *Parmentier*.

Né en 1737, à Montdidier (Somme), de parents pauvres, Parmentier perdit son père fort jeune. Élevé par sa mère dans des sentiments pieux, il fut remarqué par un ecclésiastique, qui se chargea de lui donner gratuitement un peu d'instruction.

A l'âge de dix-huit ans (1755), pour ne pas être à charge à sa mère, il se plaça chez un pharmacien de sa ville natale; une année après, il se rendit à Paris, chez un de ses parents, où il continua ses études pharmaceutiques.

En 1765, il fut nommé pharmacien des armées françaises en Hanovre, puis intendant général des hôpitaux; enfin, en 1766, pharmacien adjoint aux Invalides, et, six ans après, pharmacien en chef.

Nous n'entreprendrons pas de dire tous les services que Parmentier rendit à son pays, soit en surveillant, au nom du gouvernement, les vivres destinés à la marine, soit comme président du conseil de salubrité, soit comme inspecteur général du service de santé. Nous n'énumérerons pas tous les écrits dus à sa plume et à ses veilles, pour indiquer les meilleurs moyens d'utiliser le maïs et la châtaigne, pour perfectionner l'art de la boulangerie, pour extraire du sucre du moût de raisin, etc., etc.; car son nom est mêlé à celui de tous les savants ses contemporains, à tout ce qui se publia d'utile pendant sa vie.

Tous les gouvernements qu'il vit se succéder mirent à profit sa science et son dévouement.

Parlons seulement de ce qu'il entreprit pour éclairer les adversaires de la pomme de terre, par les leçons de l'expérience qu'ils n'avaient pas voulu jusqu'alors consulter.

En 1778, il publia un examen *chimique* de ce tubercule. Par cet opuscule et d'autres qui le suivirent, il démontra que l'homme pouvait trouver un aliment délicat dans la fécule de cette racine, que l'ignorance abandonnait aux animaux. Il établit qu'elle n'appauvrit pas les bons terrains et qu'on pouvait la planter dans les plus ingrats.

Il fit plus, il voulut prouver d'une manière décisive ce qu'il avait avancé. Après en avoir fait la demande au gouvernement, il obtint de lui 54 arpents dans la terre des Sablons, près de Paris, alors stérile et aujourd'hui si productive ; il ensemença en pommes de terre ce sol aride, et chacun traita Parmentier de fou.

Mais, comme dit le proverbe, « rira bien qui rira le dernier. » Les tiges de ces tubercules sortent de terre et s'élèvent ; des fleurs s'épanouissent. Parmentier en forme un bouquet, va solennellement l'offrir à Louis XVI, qui l'accepte et en pare sa boutonnière.

Les courtisans applaudirent, mêlèrent leurs suffrages à ceux du monarque et, après la récolte, demandèrent des semences pour introduire la pomme de terre dans leurs domaines.

De nouveaux essais, aussi heureux, ont lieu dans

la plaine de Grenelle, toujours près de la capitale, et leurs produits sont envoyés dans toutes les parties du royaume.

On raconte que, pour mieux arriver à ses fins, Parmentier imagina de placer des gardiens près de ses cultures; aussitôt les têtes travaillèrent : « C'est une récolte bien précieuse, disait-on, puisqu'on prend tant de précautions pour la conserver. »

On chercha dès lors à s'en emparer clandestinement, durant la nuit surtout. Mais les gardiens, ajoute-t-on, s'appliquaient à ne pas surprendre les voleurs.

L'avenir de la pomme de terre était donc assuré; car partout en France on voulut la cultiver.

Parmentier fut bien heureux, mais il n'arrêta pas là ses services. Il chercha à la préparer de mille façons.

De l'amidon et de la pulpe, combinés à égale portion, sans mélange de farine, il composa le gâteau de Savoie, dont il donna, dit une de ses biographies, gratuitement la recette aux pâtissiers de Paris.

Il réunit à un banquet les hommes considérables de l'époque, et leur fit servir la pomme de terre sous vingt formes, et, jusqu'aux liqueurs, elle fit tous les frais du repas.

Nous avons dit plus loin que tous les gouvernements utilisèrent le savoir et l'expérience de cet homme remarquable.

Mais, si les hommes éclairés partageaient ses vues, reconnaissaient son mérite et ses services, le peuple ignorant fut longtemps contre lui; car, au moment de la révolution, on allait le nommer à des fonctions municipales, lorsqu'une voix s'écria dans la foule : « Gardez-vous-en bien, il ne nous ferait manger que des pommes de terre; c'est lui qui les a inventées. » Parmentier ne fut pas élu.

Parmentier mourut en 1813; il était membre de l'Institut depuis 1796.

QUESTIONS : A quelle époque la pomme de terre fut-elle importée en France ? — Ce tubercule fut-il bien accueilli dans les premiers temps ? — Que fit le gouvernement pour détruire la répulsion que l'on avait pour la pomme de terre ? — Quel est l'homme de bien qui réussit à éclairer la population sur la valeur de ce tubercule?–Où naquit Parmentier ? — Quelles furent ses premières occupations ? — Quels furent les emplois publics auxquels le gouvernement l'appela ? — Quels moyens employa-t-il afin de généraliser la culture de la pomme de terre ? — Quand mourut Parmentier ?

QUARANTE-QUATRIÈME LECTURE.

De la Quintinie.

Au commencement du règne de Louis XIV, l'agriculture était encore dans l'enfance. La protection de Sully n'avait point été continuée; les enseignements d'Olivier de Serres étaient oubliés; la science, peu sûre et réduite aux tâtonnements, s'occupait d'autres sujets d'un intérêt pour elle plus immédiat; la routine ou le caprice des agriculteurs présidait seul à leurs travaux. Il était réservé à JEAN DE LA QUINTINIE de régénérer en France, sinon la grande culture, du moins le jardinage, et de poser les bases de systèmes sûrs et durables.

Né en 1626, à Saint-Loup, près de Poitiers, il aima

dès sa jeunesse l'étude de la nature ; destiné au barreau par sa famille, il quitta bientôt cette carrière pour se livrer tout entier à son goût favori. La lecture des livres anciens lui apprit les méthodes déjà connues ; des expériences laborieuses et patientes lui firent pénétrer de nouveaux secrets, d'où il déduisit de saines pratiques de culture.

Il trouva le moyen de donner aux sols légers ou forts une fertilité égale, en tempérant à propos leur faiblesse ou leur force par l'addition de substances convenables.

Par ses soins habiles, les légumes, les fruits, dans le terrain peu fécond de Versailles, où il avait la direction des jardins royaux, devancèrent leur maturité habituelle : le premier il obtint des *primeurs*.

Ce fut lui qui plaça en *espaliers* les arbres de toute sorte; il forma par ses leçons Girardot, l'ingénieux cultivateur du pêcher, qui a enrichi Montreuil (1),

Pour la taille de ses arbres, il inventa les serpettes et perfectionna les scies déjà en usage.

Enfin, il expliqua ses méthodes dans un livre excellent que tous peuvent consulter encore avec fruit : l'*Instruction pour les jardins fruitiers et potagers*.

Il mérita par ses travaux l'estime de tous ; ses con-

(1) Autrefois *Montreuil-sous-Bois*, aujourd'hui *Montreuil-les-Pêches* ; bourg du département de la Seine, qui avait à peine mille habitants au commencement du XVIIe siècle, et qui en compte aujourd'hui plus de quatre mille. *Girardot*, ancien officier, s'y retira et occupa sa vie à la culture du pêcher.

temporains le louèrent dans leurs écrits, et de nos jours, les horticulteurs français doivent l'admirer comme le premier maître en leur art.

L'abbé Rozier.

ROZIER (l'abbé) naquit à Lyon en 1734. Entré de bonne heure dans les ordres, il étudia avec ardeur les sciences naturelles, et, parvenu par son travail à posséder des connaissances presque universelles, il chercha toute sa vie à les appliquer au perfectionnement de l'agriculture. Son principal ouvrage, le *Cours complet d'agriculture*, forme une sorte d'encyclopédie rurale, pleine de justes principes et d'excellents conseils pour les travaux des champs.

Mathieu de Dombasle.

A notre époque, MATHIEU DE DOMBASLE fit pour l'agriculture ce que la Quintinie avait fait pour le jardinage; il composa des ouvrages théoriques comme l'abbé Rozier, et, de plus que ces deux agronomes, il enseigna directement les résultats de ses travaux; car ce fut lui qui fonda et dirigea pendant de longues années la ferme-école de Roville, la première de la France.

L'agriculture française lui doit une grande partie des progrès qu'elle fit alors : ses nombreux écrits, la *Théorie de la charrue*, le *Calendrier du bon cultivateur*, l'*Instruction pour la distillation des grains et des pommes de terre*, jetèrent de vives lumières sur des points encore obscurs de la science agricole; ses conseils pour la culture en grand du lin, qu'il introduisit dans notre pays, pour l'amélioration des laines; son exemple, suivi bientôt par les cultivateurs, pour l'amendement des sols non calcaires par la marne ; l'élévation d'une fabrique d'instruments aratoires, où s'exécutèrent, sous son habile direction, de nombreux et heureux perfectionnements ; enfin, et surtout, les leçons pratiques qu'il donna à ses élèves de Roville, sont pour lui assez de titres à notre reconnaissance.

Ceux qui ont eu le bonheur de l'avoir pour maître sont presque tous devenus de savants agronomes; la plupart des articles de la *Maison rustique* du XIXe siècle sont signés par eux.

Mathieu de Dombasle fut membre correspondant de l'Institut et officier de la Légion d'honneur; une statue a été élevée en son honneur à Nancy, sa patrie, par ses compatriotes et par tous les amis de l'agriculture.

Mathieu de Dombasle était né à Nancy en 1777. Il mourut à Paris en 1843.

QUESTIONS : Dans quel état se trouvait l'agriculture au commencement du règne de Louis XIV? — Où naquit *de la Quintinie* et que lui doit la science agricole? — Ne s'occupa-t-il pas aussi des arbres et de la culture des légumes? — Quel ouvrage lui doit-on ?

Où naquit l'abbé *Rozier*? — Quels furent les objets de ses études? — Quel ouvrage a-t-il écrit?

Que savez-vous de *Mathieu de Dombasle*? — Citez les noms des ouvrages dus à sa plume? — Se contenta-t-il de donner des instructions théoriques d'agriculture? — Quels ont été les résultats de ses enseignements pratiques? — Où mourut-il ?

QUARANTE-CINQUIÈME LECTURE.

Franklin.

FRANKLIN (Benjamin) naquit en 1706, à Boston, ville considérable de l'Amérique du Nord; il fut célèbre par ses écrits, par l'invention du paratonnerre, et mourut en 1790, regretté comme savant, comme bon citoyen et surtout comme homme de bien.

Dans un voyage qu'il fit en France, et pendant lequel il en étudia toutes les améliorations matérielles et intellectuelles, il eut occasion d'admirer les bons effets du plâtre sur les prairies, et il voulut introduire plus tard dans son pays ce moyen de fertilisation. Mais, pensant que l'exemple vaut toujours mieux que les conseils écrits dans les livres, il sema, près d'une route fréquentée, un champ de trèfle qu'il saupoudra de poussière de plâtre en certains endroits, de manière à former la phrase : « *Ceci a été plâtré.* »

Ces parties se couvrirent de tiges plus hautes et plus vertes que partout ailleurs, et l'on vint de tous côtés lire l'inscription. C'en fut assez pour que l'Amérique adoptât immédiatement cet utile amendement.

Mais si je le cite ici, mes chers amis, ce n'est point parce qu'il étudia l'agriculture; car il ne peut pas, sous le rapport du progrès qu'elle lui dut, être comparé à ces habiles praticiens dont je viens de vous esquisser l'histoire, mais c'est parce qu'il écrivit un livre ayant pour titre : *Almanach du bonhomme Richard,* où sont renfermés les préceptes les plus sages et les plus utiles dans toutes les circonstances de la vie, pour tous les états, et s'appliquant surtout, il me semble, à la condition du cultivateur.

Voici quelques passages de la *science* du bonhomme Richard :

L'oisiveté ressemble à la rouille, elle use beaucoup plus que le travail : la clef dont on se sert est toujours claire.

La paresse va si lentement que la pauvreté l'atteint bientôt.

Se coucher de bonne heure et se lever matin procurent santé, fortune et sagesse.

L'activité est la mère de la prospérité, et Dieu ne refuse rien au travail.

Levez-vous dès le point du jour ; que le soleil, en regardant la terre, ne puisse pas dire : Voilà un lâche qui sommeille !

Si vous voulez faire votre affaire, allez-y vous-même ; si vous voulez qu'elle ne soit pas faite, envoyez-y.

L'œil du maître fait plus d'ouvrage que ses deux mains.

Travail, bonne conduite et *économie* : telle est, en résumé, la belle devise du bonhomme Richard.

Pierre qui roule n'amasse pas mousse ; ce qui veut dire que l'on ne gagne rien à toujours changer de place et à courir le monde.

Le joueur est un homme qui commence par perdre l'argent qui est à lui, ensuite celui des fous qui lui en prêtent ; qui finit par voler son père, lorsqu'il n'a plus de crédit, et qui perd son honneur et sa liberté.

Ne vous fiez jamais aux remèdes des charlatans ; ce sont des empoisonneurs qui se moquent de vous en recevant votre argent.

Le renard qui dort ne prend pas de poules.

Le temps perdu ne se retrouve jamais.

La paresse rend tout difficile, le travail rend tout aisé.

La faim regarde à la porte de l'homme laborieux, mais elle n'ose pas entrer.

Labourez pendant que le paresseux dort, vous aurez du blé à vendre ou à garder.

Ne remettez jamais à demain ce que vous pouvez faire aujourd'hui.

L'eau qui tombe constamment goutte à goutte finit par creuser la pierre ; de petits coups répétés abattent de grands chênes.

Employez bien votre temps si vous voulez mériter le repos, et ne perdez pas une heure puisque vous n'êtes pas sûrs d'une minute.

La fileuse vigilante ne manque jamais de chemise.

Pour prospérer, conduis toi-même ta charrue.

Plus la cuisine est grasse, plus le testament est maigre.

Si vous voulez être riches, n'apprenez pas seulement comment on gagne, sachez comment on ménage.

Il en coûte plus pour entretenir un vice que pour élever deux enfants.

Si tu achètes ce qui est superflu pour toi, tu ne tarderas pas à vendre ce qui t'est nécessaire.

Les enfants et les fous s'imaginent que vingt ans et vingt francs ne peuvent pas finir.

Celui qui va faire un emprunt va chercher une mortification.

Le carême est bien court pour ceux qui doivent payer à Pâques.

Ceux qui sont cruels envers les animaux et qui, oubliant que ces êtres sentent et souffrent comme nous, les maltraitent sans utilité, devraient penser au moins qu'il faut ménager le serviteur dont on a besoin. J'ai toujours remarqué que les hommes qui traitent les animaux avec cruauté sont de méchantes gens. Celui qui voit sans peine souffrir un cheval ou un chien, n'est pas éloigné d'être insensible aux souffrances de son semblable; et quand on s'accoutume à faire du mal aux animaux, on en fera bientôt aux hommes. Il y a des pays où la cruauté envers les animaux est considérée comme un délit et punie par les lois. Ceci me paraît fort sage. Je voudrais qu'un homme fût couvert de honte pour avoir maltraité sans nécessité un cheval ou un chien, de même que pour avoir frappé tout être plus faible que lui, qui ne sait ou ne peut pas se défendre.

Évitez les procès, le meilleur ne vaut rien. On ne se fait pas rendre justice dans ce monde ; il en coûte fort cher pour avoir raison, et encore plus pour avoir tort.

Quand on plaide, il faut payer l'huissier, l'avoué, le greffe, l'enregistrement, le timbre, et tout cela très-vite, quoique le procès aille lentement. On perd en plaidant son temps et son argent : à la fin du procès, celui qui a gagné sa cause s'en va en chemise, et celui qui a perdu tout nu. L'un est ruiné, l'autre a perdu beaucoup. Que Dieu vous préserve de mettre le pied dans la boutique à procès ; c'est un vrai puits perdu ; tout y rentre et rien n'en sort. Arrangez-vous, et ne plaidez pas. Lisez la fable de *l'Huître et les Plaideurs* ; écoutez cette voix des gens de justice :

« Des sottises d'autrui nous vivons au palais ;
» Messieurs, l'huître était bonne ; adieu, vivez en paix. »

Jeunes garçons, occupez-vous le dimanche à quelque chose d'utile et de profitable, au lieu d'aller jouer au cabaret, perdre votre argent et vous enivrer ; vous vous éviterez bien des ennuis.

Il vaut mieux ne savoir qu'un métier et le savoir bien que d'en connaître mal trente-six. Chacun doit s'appliquer à devenir le plus habile dans sa profession.

Agriculteurs, renoncez à l'opinion stupide qu'il faut que la terre se *repose* ; comme si, à l'exemple de l'homme, elle pouvait être paresseuse. Plus de friches, plus de jachères ; tirez de votre terre le plus grand parti possible : cultivez-la avec soin. Faites des prairies artificielles ; faites de nouvelles expériences lorsque le succès vous paraîtra probable. Faites des plantations. Pendant que votre terre ne vous rapporte rien, elle ne gagne pas de quoi produire davantage, et elle n'en paye pas moins l'impôt. Répandez l'engrais avec discernement sur vos terres, et elles produiront continuellement sans avoir besoin de repos. Abandonnez la routine, lisez de bons livres d'agriculture, mettez à profit les bons préceptes qu'ils contiennent, soyez industrieux, et vous deviendrez riches.

QUESTIONS : Que savez-vous de *Benjamin Franklin* ? — Que fit-il pour prouver à ses compatriotes les bons effets du *plâtre* sur les prairies ? — Quel excellent ouvrage lui doit-on ?

NOTA. Les pensées du *Bonhomme Richard* doivent être étudiées par les enfants.

> Faute d'un clou, le fer du cheval se perd ; faute d'un fer, on perd le cheval ; faute d'un cheval, le cavalier lui-même est perdu, parce que son ennemi l'atteint et le tue, et le tout pour n'avoir pas fait attention à un clou du fer de sa monture.

Cela veut dire, mes amis, qu'une maison où l'ordre ne règne pas devient la proie de tout le monde ; elle se ruine, même avec des agents fidèles ; elle se ruine même avec de la parcimonie. Elle est exposée à une foule de petites pertes qui se renouvellent à chaque instant, sous toutes les formes et pour les causes les plus méprisables.

« Je me souviens, dit J. B. Say, qu'étant à la campagne, j'eus un exemple de ces petites pertes qu'un ménage est exposé à supporter par sa négligence. Faute d'un loquet de peu de valeur, la porte d'une basse-cour qui donnait sur les champs se trouvait souvent ouverte. Chaque personne qui sortait tirait la porte ; mais, n'ayant aucun moyen extérieur de la fermer, la porte restait battante : plusieurs animaux de basse-cour avaient été perdus de cette manière. Un jour un jeune et beau porc s'échappa, et gagna les bois. Voilà tous les gens en campagne : le jardinier, la cuisinière, la fille de basse-cour sortirent, chacun de son côté, en quête de l'animal fugitif. Le jardinier fut le premier qui l'aperçut, et, en sautant un fossé pour lui barrer le passage, il se fit une dangereuse foulure qui le retint plus de quinze jours au lit. La cuisinière trouva brûlé du linge qu'elle avait abandonné près du feu pour le faire sécher, et la fille de basse-cour ayant quitté l'étable sans se donner le temps d'attacher les bestiaux, une des vaches, en son absence, cassa la jambe d'un poulain qu'on élevait dans la même écurie.

» Les journées perdues du jardinier valaient bien *soixante* francs, le linge et le poulain en valaient bien autant : voilà donc, en peu d'instants, faute d'une fermeture de quelques sous, une perte de *cent vingt* francs, supportée par des gens qui avaient besoin de la plus stricte économie, sans parler ni des souffrances causées par la maladie, ni de l'inquiétude et des autres inconvénients étrangers à la dépense.

» Ce n'étaient pas de grands malheurs ni de grosses pertes ; cependant, quand on saura que le défaut de soins renouvelait de pareils accidents tous les jours, et qu'il entraîna finalement la ruine d'une famille honnête, on conviendra qu'il valait la peine d'y faire attention. »

CONCLUSION.

Mes chers amis,

Dès la première page de ce livre, je vous disais avec un ancien écrivain : « Heureux l'homme des champs s'il apprécie son bonheur ! »

Dans un grand nombre de nos *lectures*, j'ai cherché à vous prouver que ces paroles, vraies il y a 18 siècles, le sont encore aujourd'hui et le seront toujours.

Aurai-je réussi à détourner quelques-uns au moins d'entre vous du désir de quitter la campagne ?

Leur aurai-je persuadé que la ville, qui passe pour le séjour enchanté des plaisirs, du travail facile, cache sous ces apparences trompeuses bien des soucis, d'amères douleurs, de cruelles misères, entraînant parfois au désespoir ?

Si j'avais été heureux dans cette tâche ; et si en même temps j'avais pu vous donner les connaissances qui vous sont nécessaires pour pratiquer avec succès l'Agriculture et l'Horticulture, mes efforts auraient reçu leur plus belle récompense.

J. DUNAND.

TABLE DES MATIÈRES

PREMIÈRE PARTIE.

Considérations morales.

Préface...	v
1re Lecture : Aux enfants des écoles primaires.........	1
2e Lecture : La campagne et la ville..................	5
3e Lecture : La campagne et la ville (suite)..........	7
4e Lecture : Les enfants à la campagne et les enfants à la ville..	11
5e Lecture : L'agriculture est la plus noble des professions..	14
6e Lecture : Les cultivateurs ont besoin d'instruction...	18
7e Lecture : Instruction nécessaire aux cultivateurs.....	20
8e Lecture : Conseils aux enfants.....................	23
9e Lecture : Conseils aux cultivateurs.................	26
10e Lecture : Conseils aux cultivateurs (suite)..........	29

DEUXIÈME PARTIE.

Agriculture et Horticulture; notions générales.

11e Lecture : Bâtiments d'exploitation.................	32
12e Lecture : Quelques notions d'histoire naturelle.....	35
13e Lecture : Notions d'histoire naturelle (suite).......	38
14e Lecture : L'air, l'eau, la chaleur, la lumière.......	42
15e Lecture : Différentes sortes de terrains............	46
16e Lecture : Les amendements et les engrais..........	50
17e Lecture : Les engrais (suite).....................	55
18e Lecture : Les labours et les instruments de culture.	59

TROISIÈME PARTIE.

Horticulture.

19e Lecture : Le jardin, notions générales.............	65
20e Lecture : Notions générales (suite).................	67
21e Lecture : Travaux des mois de Janvier et de Février : transport des engrais; labours à la bêche;	

réparation des outils; taille des arbres; couches. — Semis des *pois*, des *fèves*, des *oignons*, des *radis*, de l'*oseille*, des *épinards*, des *carottes*, des *pommes de terre*; soins à leur donner; *éclaircir*.................. 74

22ᵉ *Lecture* : Travaux des mois de *mars* et d'*avril:*

Mars : plantation des *fraisiers*; semis des plantes d'agrément; plantation des *aulx*, des *échalottes*, du *chou de Milan*; semis des *tomates*. — Ce qu'on entend par le mot *repiquer*; comment on fait cette opération pour les plantes, en général, et en particulier pour les *oignons* et les *laitues*; mise en place des porte-graines. — De l'*asperge*; de sa reproduction et des soins qu'elle réclame. De quelques insectes nuisibles et des moyens de les détruire.

Avril : continuation des travaux de mars; semis des *panais*, des *choux verts*, du *persil*, du *cerfeuil*, de la *pimprenelle*, des *salsifis*, des *scorsonères*, de l'*oseille*, des *potirons* ou *citrouilles*; soins à donner au jardin.. 76

23ᵉ *Lecture* : Travaux des mois de *mai* et de *juin* :

Mai : culture du *haricot*, du *melon*, du *cornichon*, du *chou-fleur*, du *céleri*.

Juin : culture du *navet*; repiquage des *laitues*, des *choux*, des *oignons*, des *poireaux*; destruction des chenilles, de l'araignée, des pucerons, des limaces....... 89

24ᵉ *Lecture* : Travaux des mois de *juillet*, d'*août*, de *septembre*, d'*octobre*, de *novembre* et de *décembre*.

Juillet : arrosements; binages; semis des *pois* et des *haricots* devant être mangés en vert.

Aout : continuation des travaux précédents; semis des *salsifis*, des *carottes*, des *épinards*, pour le printemps; repiquage des *choux* d'hiver; renouvellement des bordures; nettoyage des planches; récoltes des graines; semis du *gros oignon blanc*.

Septembre : semis de la *salade* d'hiver; plantation des *fraisiers*, récolte des *pommes de terre*; soins à donner aux plantes vivaces.

Octobre : continuation des précédents; repiquage de l'*oignon*, du *chou*; soins à donner à la *chicorée*; labour des *artichauts*; récoltes des fruits d'hiver.

Novembre et Décembre : continuation des précédents; soins à donner aux plantes qui craignent le froid; semis du *pois Michaux*; récolte des *betteraves*, des *salsifis*, des *navets*; classement des graines; préparation des engrais, labours préparatoires; conservation de la *chicorée*, de la *scarole*; *chicorée sauvage* ou *barbe de capucin*, ses usages; culture de l'*artichaut* et soins qu'il réclame aux différentes époques de l'année; reproduction et culture du fraisier 88

25ᵉ *Lecture* : Fleurs, plantes médicinales.

Énumération des *fleurs* et des *arbustes* ne réclamant ni de trop grandes dépenses, ni de trop grands soins; multiplication des rosiers; greffe des *églantiers*.

Liste des *plantes médicinales* qu'on peut cultiver dans tous les jardins; leur utilité, leur emploi........... 94

26ᵉ *Lecture* : *Les arbres* : leur production; pépinières. *Greffes* : greffe en approche........................ 99

27ᵉ *Lecture* : *Greffes* : greffe en *fente*; greffe en *écusson*. 104

28ᵉ *Lecture* : *Plantation* et *taille*..................... 109

QUATRIÈME PARTIE.

Agriculture.

29ᵉ *Lecture* : Notions générales sur les plantes de la grande culture : division de ces plantes en plantes *alimentaires*, *fourragères*, *commerciales*, *sarclées*, *oléagineuses*, *textiles*, *tinctoriales*, *industrielles*.

Travaux du mois de JANVIER : transport des engrais, labour à la charrue; sillons d'écoulement, entretien des chemins, des clôtures, etc.

Travaux du mois de FÉVRIER : continuation des précédents; culture des *féveroles* d'hiver, des *pois*, des *vesces*... 116

30ᵉ *Lecture* : Suite des travaux de FÉVRIER : culture de l'*orge*, du *pavot*, de l'*avoine*. — Travaux de MARS : culture des *trèfles*..................................... 122

31ᵉ *Lecture* : Suite des travaux de MARS : culture de la *luzerne*, de la *lupuline*, du *sainfoin*, de la *carotte*, de la *betterave*, de la *lentille*............................ 129

32ᵉ *Lecture* : Suite des travaux de MARS : culture des *choux*, du *rutabaga*, du *lin*; ensemencement des prairies; culture du *blé* ou *froment*..................... 137

33ᵉ *Lecture* : Travaux du mois d'AVRIL : soins à donner aux cultures d'hiver; semailles de l'*orge* de printemps; culture du *maïs*, du *sorgho sucré*, de la *pomme de terre*. 146

34ᵉ *Lecture* : Travaux des mois de *mai* et de *juin*.

Mai : soins à donner aux récoltes ; repiquage des *choux*, du *rutabaga*, des *betteraves* ; continuation des semis de *vesces*, de *maïs*, de *sorgho* ; récolte des *vesces* d'hiver ; *plâtrage* des plantes fourragères artificielles ; culture du *chanvre*, des *haricots*.

Juin : soins à donner aux plantes javelées ; récolte des *trèfles*, des *luzernes*, etc., culture de la *navette*, des *navets*, du *sarrasin* ; conseils pour la *fenaison*........ 153

35⁰ *Lecture* : Travaux des mois de *juillet* et d'*août* :

Juillet : Soins à donner à certaines plantes ; culture du colza.

Août : récolte des céréales, du *blé* ; leur conservation ; culture de la *spergule*, de la *laitue*, de la *chicorée sauvage*... 162

36ᵉ *Lecture* : Travaux des mois de *septembre* et d'*octobre* :

Septembre : Culture du *seigle*.

Octobre : Continuation des récoltes ; labours, transports des engrais ; culture de la *vigne*.............. 168

37ᵉ *Lecture* : Travaux des mois de *novembre* et de *décembre* : Transports des engrais ; labours ; indication de travaux divers. — Conseils pour la vente des produits. — *Comptabilité* ; ses avantages ; manière de la tenir ; livres nécessaires. — *Modèles*................ 174

38ᵉ *Lecture* : De quelques plantes tinctoriales, commerciales et industrielles................................ 184

39ᵉ *Lecture* : Soins à donner aux bestiaux............ 191

40ᵉ *Lecture* : Conseils hygiéniques aux cultivateurs.... 196

41ᵉ *Lecture* : Quelques mots sur l'histoire de l'agriculture... 207

42ᵉ *Lecture* : *Olivier de Serres* et *Sully*............... 211

43ᵉ *Lecture* : La pomme de terre et *Parmentier*....... 215

44ᵉ *Lecture* : *De la Quintinie* ; l'abbé *Rozier* ; *Mathieu de Dombasle*.. 219

45ᵉ *Lecture* : *Franklin* ; extraits de la science du bonhomme Richard....................................... 223

Conclusion.. 228

www.ingramcontent.com/pod-product-compliance
Lightning Source LLC
Chambersburg PA
CBHW071859160426
43198CB00011B/1158